自励　自主　自律

——“三自”教育的实践与探索

祖彦飞　著

黑龍江大學出版社
HEILONGJIANG UNIVERSITY PRESS
哈尔滨

图书在版编目（CIP）数据

自励　自主　自律：“三自”教育的实践与探索 / 祖彦飞著. -- 哈尔滨：黑龙江大学出版社，2020.9
ISBN 978-7-5686-0526-7

Ⅰ. ①自… Ⅱ. ①祖… Ⅲ. ①中学教育－教学改革－研究－佳木斯 Ⅳ. ①G632.0

中国版本图书馆CIP数据核字（2020）第181780号

自励　自主　自律——“三自”教育的实践与探索
ZILI ZIZHU ZILÜ——“SANZI” JIAOYU DE SHIJIAN YU TANSUO
祖彦飞　著

责任编辑　朱海涛　张　帝
出版发行　黑龙江大学出版社
地　　址　哈尔滨市南岗区学府三道街36号
印　　刷　哈尔滨市石桥印务有限公司
开　　本　880毫米×1230毫米　1/32
印　　张　6.375
字　　数　137千
版　　次　2020年9月第1版
印　　次　2020年9月第1次印刷
书　　号　ISBN 978-7-5686-0526-7
定　　价　22.00元

序　言

在辽阔的三江平原，美丽的松花江畔，有一所历史悠久、文化底蕴深厚的初中名校——佳木斯市第三中学。学校始建于 1958 年，峥嵘岁月，薪火相传，十三任校长兢兢业业，代代教职工辛勤耕耘，三万多名学子从这里起飞，一大批教育精英、名师在这里诞生。高天行云，涌动着不变的教育情怀；杏坛芬芳，见证着三中的成就与辉煌。

佳木斯市第三中学是佳木斯市教育局直属中学，是佳木斯市人民心中的名优中学，有着深厚的文化底蕴，形成了优良的校本基因。2009 年，佳木斯市第十七中学并入佳木斯市第三中学。2014 年，国家大力推进教育均衡发展，受市政府委托，佳木斯市第三中学将长青中学确立为其分校。2019 年秋季，为促进全市义务教育优质均衡发展，佳木斯市第三中学教育集团成立。如今的佳木斯市第三中学，共有三中一校区、三中二校区、三中九中校区、三中分校区四个校区。今天的三中，绿色溢满校园，桃李竞相芬芳，在校学生 2600 多人，53 个教学班，教职工 200 余人。

风风雨雨六十二年，代代三中人恪尽教育职守，坚持正确的办学方向，优先发展师资队伍，全力推进素质教育。“厚德、明志、自信、博学”是三中师生共同崇尚的精神，“为学生全面发展负责，为民族伟大复兴奠基”是三中全体教师毕生的追求。

学校拥有一支一流的管理团队和教师队伍，他们是三中可持续发展的坚强保障。多年来，学科教研务实高效，科研课题成果突出；“同课异构”“班级团队赛课”等课堂研讨活动丰富多彩；“名师工程”“师徒结对”让三中人的优良基因得以发扬光大，代代相传。学校被评为全市教学研究基地和全市示范性研究基地。学校在全市历年的菊花杯课堂教学竞赛中成绩都十分优异，中考连年取得佳绩，升学率名列全市前茅。

学校紧紧围绕社会主义核心价值观，开展系列化、主题鲜明的德育教育活动。一年一度的校园艺术节，是学生们展示才艺的舞台，不知成就了多少学生的艺术梦想。每年春季，杏花绽放，校园体育节大放华彩，运动场上，学生身姿矫健，充满自信。另外，“研学之旅”“综合实践活动”“班级文化评比”“大课间比赛”“生涯教育”等丰富多彩的教育活动成为学生“追求目标、增强自信、成就梦想”的有效载体。

佳木斯市第三中学以王嘉廉中国冰球希望工程为基点，发展冰球特色教学，学校已经建立了规模化的男女冰球队，参加了近百次的省内外比赛，佳绩频传，为国家队培养输送了一批优秀的冰球人才。学校十二年坚持在校园内浇筑冰场，开设冰上体育课。持续的努力，执着的坚守，使学校成为全市体育强校，连年获全市中小学田径运动大会前三名，学校被评为国家级校园足球基点校、全国青少年校园冰雪运动特色学校，北京 2022 年冬奥会和冬残奥会奥林匹克教育示范学校。

忽如一夜春风来，千树万树梨花开。佳木斯市第三中学的“三自”(自励、自主、自律)教育,如一缕令人振奋的清新之风扑面而来,更若一汪清泉,真实的情感在涌动,思维的火花在闪耀,深化教育改革的路在延伸……

第三中学是佳木斯市教育改革的一片沃土,丰厚的教育底蕴和不断创新的改革精神,成为三中发展的源泉。新时期佳木斯市教育发展的目光高远,改革实践脚步坚实有力。教育改革是一个渐变改良的过程,三中人以不断回望的意识,敢于担当的抉择,与时俱进的豪迈,接好历史的接力棒,走好新时代的长征路,以最好的姿态面向未来。

三中把“为学生全面发展负责,为民族伟大复兴奠基”作为新的办学理念 ,将“培养品格高尚、知识丰富、思维创新、奉献祖国的合格初中生”作为育人目标。三中制定了新的教育教学模式——“三自”教育,这是对之前“双自主”教育、“目标、自信”教育的延续、萃取、丰富和升华。三中以“自励激奋进,自主促发展,自律强内功”为宗旨,培育“三自”新人,这是撬动新的办校理念和育人目标的“杠杆”。三中把社会主义核心价值观融入学校教育理念的实践中去传播和践行,培养德智体美劳全面发展的社会主义建设者和接班人,这是我国新时期教育改革发展的要求,也是未来教育不容置疑的基本特征。三中在一片绚烂中萃取精华,在各种喧嚣中聆听内需,在纷繁的路径中明智抉择,在改革创新中传承发展。

回望年华的远徉与青春季节的轮回,几多思考,几多感悟。能登上金字塔的生物只有两种:鹰和蜗牛。在“三自”教育的熏陶培养下,三中的学生虽然不能人人都像雄鹰一样一飞冲天,但至少可以像蜗牛那样凭着自己的耐力默默前行。适合学生自身发展的,能够支持学生生命蓬勃生长的教育，就是好的教育！“三自”教育托起了三中学子们成长成才、人生出彩的梦想之翼！

“三自”教育是一项凝聚大智慧、大格局和大情怀的系统工程，需要不断拓展和深化，如对教育教学实践策略的持续跟踪研究、对成功教育成果的推广、辐射周边学校及长效机制建设等做进一步深入探究，谋求深远发展。佳木斯市第三中学在课程改革的路上会持之以恒，贡献更多更好的经验，也期待着更多的区县、学校、教师勇于创新，不断书写充满生机与活力的佳木斯市教育改革的新篇章！

目　录

第一章

回望—抉择—谋划

第一节 “三自”教育的渊源脉络

一、历史背景

《周易》曰:天行健,君子以自强不息;地势坤,君子以厚德载物。这两句的意思为:天(即自然)的运动刚强劲健,相应于此,君子处世,应像天一样,自我力求进步,刚毅坚卓,发愤图强,永不停息;大地的气势厚实和顺,君子应增厚美德,容载万物。清华大学的校训——“自强不息,厚德载物”就是引用这两句。这告诉我们,君子当自尊、自立、自理、自律、自主。圆通的智慧,生动的人格,一如千年大江,从现代流到将来也会涛声依旧。

儒家倡导自我修养。孔子说:“芝兰生于深林,不以无人而不芳;君子修道立德,不为穷困而改节。”屈原在《离骚》里写道:“余既滋兰之九畹兮,又树蕙之百亩。”兰于孔子和屈原,就像竹于郑板桥,菊于陶渊明,都有自励操守之意。《大学》提出:“自天子以至于庶人,壹是皆以修身为本。”儒家的“修身、齐家、治国、平天下”也是以修身为核心,培养道德品行,最后成就大我。

“立志言为本,修身行乃先”,古往今来,任何一位古圣先贤,其成功无不是在家庭教育、学校教育、社会教育的基础上进行自我教育、自我提升的结果。每一个梦想都需要一个坚定的志向去支撑,这就是自励;需要实践行动去支撑,这要靠自主;最终走向成功,还需自律来护航。苏联教育家苏霍姆林斯基指出:“只有能够激发学生去进行自我教育的教育,才是真正的教育。”著名哲学家、哲学史家、国学大师、北京大学哲学系教授张岱年先生把中华民族精神概括为“自强不息,厚德载物”。他终生勤勉,研究学问,造福祖国的文化事业,堪称一代学人楷模。由此可见,优秀人才成功的秘诀、胜利的秘诀皆为自励、自主、自律。

二、教育背景

佳木斯市第三中学坚持社会主义办学方向,遵循教育规律,坚持改革创新,立足我国基本国情和学校校情,把“培养品格高尚、知识丰富、思维创新、奉献祖国的合格初中生”作为育人目标,办好人民满意的教育。

在全国教育大会上习近平总书记发表重要讲话时强调,要围绕培养什么人、怎样培养人、为谁培养人这一根本问题,全面加强党对教育工作的领导,坚持立德树人,加强学校思想政治工作,推进教育改革,加快补齐教育短板。新时代新形势,佳木斯市第三中学对教育教学提出了新的更高的要求,用实际行动回答了“培养什么人”这一教育的首要问题,以更宽广的国际视野、更深邃的战略眼光锁定“三自”教育,培育自励、自主、自律的新时代追梦人。

自励是一种自觉,是在困难面前不卑不亢和在不屈不挠支持下的自觉;人生拥有了自励精神,人便拥有了在现实中拼搏的力量;只有具备了自励精神,人才能探索不息,进取不辍,才能不断实现新的目标,取得新的成就,从而实现人生的理想和价值。

自主不仅是一种权利，更是一种能力。一个没有主见的人，很难在生活中自立。我们不仅要在生活中自主，也要在思想上自主，在学习上自主。

自律是成功路上的必修课。《现代汉语词典》对自律的解释为：自己约束自己。自律，是自我约束、自我控制的行为。自律是一扇窗子，打开它，你拥有的不仅仅是窗外的风景，还有成功。

佳木斯市第三中学以“自励激奋进，自主促发展，自律强内功”为宗旨，把“为学生全面发展负责，为民族伟大复兴奠基”作为办学理念，把培养德智体美劳全面发展的社会主义建设者和接班人作为根本任务，学校的教育同国家事业发展要求相适应、同人民群众期待相契合、同我国综合国力和国际地位相匹配。

三、学校背景

（一）佳木斯市第三中学教育改革的回望与抉择

“自励、自主、自律”教育源于佳木斯市第三中学“目标、自信”教育，源于构建初中“和谐课堂”的实践与探索，是这两个研究课题的内化与升华。《“目标、自信”教育促进学生主动、自主和可持续发展的实践研究》，是佳木斯市第三中学原校长王成富等人的理论成果，是黑龙江省教育学会“十二五”教育科学研究规划重点课题——整体构建黑龙江省中小学德育活动课程的实践研究的子课题，被评为黑龙江省首届基础教育教学成果奖一等奖，此课题研究的目标是：①让学生学会制定人生目标（近期目标和远期目标），规划人生；②通过实现近期小目标，培养学生的自信心，体验成功的喜悦；③培养学生的好习惯，让学生拥有强大的精神世界。

《构建初中和谐课堂的行动研究》这一研究课题欲达到如下预期目标：①构建一个“激活思维，挖掘潜能，和谐共振，身心愉悦”的高效课堂；②完善一个促进学生素质发展，同时促进教师专业发展的课堂评价标准；③提升教师科研能力。

通过以上两个课题的研究与实践，学生们学会了如何确定自己的中长期目标。小目标的不断达成，在某种程度上增强了学生的自信心，教师们也总结提炼出和谐课堂“五环节”，即：①创设情境，导入新课；②目标导引，自主学习；③合作学习，突破疑难；④展示交流，分享成果；⑤分层练习，体验成功。

随着教育形势的变化，尤其是党的十八大以来，我国教育形势大发展，学生思想状况不断变化，这两个课题在实施过程中存在着如下的弊端和不足：

①学生近期和远期目标的制定科学性不足，存在许多为定目标而定目标的情况，并且制定目标过程中存在着随意性和盲目性；②自信心应该在教育教学活动中产生，并是能在一个人的精神世界中长期存在且发挥巨大潜力作用的心理暗示，而不能仅仅是一种“我能行”的口号式自信；③在实际教学过程中，和谐课堂不能充分体现学生的“自主”能力；④在学生学习过程中，学生的自我约束能力不足。

2019 年 2 月，学校班子成员和全体一线任课教师利用一个学期的时间进行听课研课 200 余节，在深入研讨后，对以上不足进行了专题研究，经过调研、座谈、请教专家，最后研究决定对以上两个课题进行升华和修改,进而提出了"自励、自主、自律"教育的教育理念。

(二)"三自"教育的深思与谋划

佳木斯市第三中学既然选择了走"三自"教育内涵提升之路,就不能在原有的教育课程改革上守株待兔,也不能揠苗助长急功近利。我们思考:如何既能保证成绩,又能促进学生全面发展;实施素质教育如何突破瓶颈,因为题海战术培育不了创新精神,超前教学更涵养不出人文素养。面对中考,高分数是好高中的入门证,是学校生存的口碑。学生不是生活在真空中,只要按成绩录取,学校就必须对这个"分数"负责,但要避免只关注分数不注重培养学生的能力、个性和创造力,拿未来换今天的做法不可取。"三自"教育合乎教育规律和学生的成长需要,它不是以牺牲学生的全面发展或个性发展为代价来提高成绩,而是通过激发学生的内驱力和自主学习、自主管理、自律的能力来促进学生成绩的提高。学生现在需要分数,未来需要能力,佳木斯市第三中学重视当下,又着眼于未来,在分数与能力之间寻求恰到好处的平衡。

"自励、自主、自律"的教育模式,是以提高学生的综合素质为核心,以促进学生的全面发展为目标的。时代越是向前发展,就越需要全面发展的人才。佳木斯市第三中学的课题组成员,从新课程标准入手,在课程开发中冥思苦想,期待寻求新的行进路径,发现新的通道……我们进行的不是一般的基础性研究,而是应用性研究,不只是从理论到理论的演绎,更多的是在实践基础上的归纳。课题组成员深入班会、课堂、座谈会、实践活动等教育教学第一线。经过调查研究,课题组成员开始谋划:如何能让学生科学制定人生生涯规划?更重要的是,如何在自励中让梦想变成现实?怎么能够让学生的自主学习能力再提升?怎样促进学生的“最近发展区”发展?自律教育在除了班会、思想政治课以外的课堂中又如何设置体现呢?于是,一场大规模的教育模式变革拉开了序幕……

(三)“三自”教育的探究与行动

确定走“三自”教育的道路,只是明确了方向与重点。佳木斯市第三中学为了科学地定位学校办学理念和育人目标,体现学校特色,发挥学校优势,有针对性地开展“三自”教育工作,以提高学校教育教学质量,办好人民满意的教育。佳木斯市第三中学通过问卷调查、座谈、深入课堂、深入班会等多种形式,对学校的教育工作进行了全面的调研与探究,并有针对性地举办了系列活动:

1. 问卷调查——求真

问卷由家庭成员组成、文化程度、教育方式、教育投入、家风家规、教育内容、学生目标、优势特长、独立完成作业情况、学习主动性、自律能力等构成。通过问卷调查,学校对家庭教育情况做了一个全面的梳理,掌握了全校大数据,确定了家校合作的工作方向和课程培训内容。

2. 三方座谈——求深

学生、家长、老师三方座谈以了解不同对象的关注点、压力、困惑、需求等。

3. 课堂调研——求实

“三自”教育课题组成员利用一个学期的时间进行听课教研200余节，寻找课堂需要改进之处，并针对发现的不足进行了序列化归类，进行专题研究，通过调研、座谈、请教专家，研究应采取的措施。

4. 梳理问题——求合

苏霍姆林斯基说：“没有家庭教育的学校教育和没有学校教育的家庭教育，都不可能完成培养人这样一个极其细微的任务。”我们加强家校合作，挑选一些关心教育、懂得教育规律、家庭教育成功、沟通能力强的家长，建立“三级家长委员会”这一专门机构，将问题序列化并开发家长学校课程，将学校办学理念内化为家校生的共同愿景，凝聚家校合力，助力学生成长，共同培养“三自”新少年。

（四）“三自”教育的特点

1. 创新与突破的结合

“三自”教育是佳木斯市第三中学在原有教学科研成果基础上萃取、整合、创新、升华而来的，它有三个创新点：一是课题研究是应用性研究。课题是由一线的实践经验归纳总结出来的，符合新时代当前学生的特点。二是内容上的创新。自主学习是历久弥新的话题，该研究又新加入了自励、自律两个要素。自励的提出是以“立德树人”为立脚点，把自励放在第一位。要保证自励、自主顺利实施，必须有自律保驾护航，自律也是学生最需要的一种品质，因此该研究加入了自律。自励是迈向成功的引擎，自主是振翅高飞的翅膀，自律为走向成功护航，这三个教育要素为学生的横向全面发展提供了有力保障，对学生的纵向终身发展起着重要的作用。三是本课题的研究具有新的视角。课题的实施以学校为主，带动家长，制定实施“三自”教育的具体方案和管理策略，建立实践模型，这对于教师和家长来说都具有可操作性，不流于形式，可为同类学校提供示范。

2. 本土与外界的结合

“三自”教育具有国际背景，更顺应国内的形势与要求，是适合本土学校实施的教育模式。

3. 理论与实践的结合

理论的思考，力求深刻，为相关研究提供启示和依据；实践的操作，力求实用，为实践改善提供支撑。

4. 量化与质性的结合

作为一项实证研究，在“三自”教育的探索中，课题组成员既注重量化数据的搜集、分析，又强调质性案例的整理、对比，“三自”教育不能在短期内见效，但坚持一段时间，学生的学习成绩、能力、品质都会有提高，量变的积累定会达到质的飞跃。

5. 历史与未来的结合

佳木斯市第三中学原有的“双自主”教育、“目标、自信”教育和构建初中“和谐课堂”的实践与探索是涵养“三自”教育的源泉，“三自”教育是在这些研究课题基础上，萃取精华、延续精髓，在未来新的增长点上丰富内涵，创新提出的，为学生的终身发展、全面发展、为民族的伟大复兴奠基，它是历史课题的延续和发展，也是对未来的展望。

（五）“三自”教育的价值

1. “三自”教育能促进学生的自主发展，为学生终身发展奠基

我国素质教育是面向全体学生的教育，是全面发展的教育，是促进学生发展的教育，是以培养创新精神为重点的教育。“三自”教育为素质教育的落实提供了保障。自励，培养学生坚强的意志、锲而不舍的精神，能激发学生的潜能；自主，是素质教育的关键和灵魂；自律，培养学生的自我约束和自我控制能力。

2. “三自”教育促进教师专业成长，实现其更高水平的发展

在实施“三自”教育的过程中，教师能在观点的碰撞和师生、生生的互动中创设一个生命怒放、激情四射的教育氛围，催生新的教育思想；“三自”教育可以激发教师主动发展的使命感，从而使其追求更高的专业智慧，进而激发和培养学生的创新潜能。教师在自主开放、智慧碰撞的教育过程中从学生那里汲取更多的灵感，实现

了教学相长。

3. 家校携手深入推进“三自”教育，形成学校特色文化

佳木斯市第三中学通过家校联手产生更大的教育“磁场”。疫情期间家校合力开展“自律行动”，让学生争做“三自”好少年。

“三自”教育提高了学生生命成长的质量，符合学校新时期的特点，符合家长的愿望，符合学生全面发展、终身发展的需求。实现“三自”教育，学生就会创造自己生命的奇迹！有这样一个典型案例：猎人精心喂养几只小狮子，小狮子慢慢长大，无忧无虑，有吃有喝。其中一只小狮子从笼子里跑了出去，在野外学会觅食吃、找水喝、疗伤口、保护自己，后来，猎人外出再也没有回来，这些小狮子因不能独立生存而死，只有跑出笼子的小狮子活了下来。跑出笼子的小狮子之所以能活下来，是因为它及早地摆脱依赖，学会在野外不同的环境中生存，它凭借自己的智慧和勇气去寻找食物和保护自己。相反，笼子里的小狮子因为长期在温暖舒适的环境中成长，没有得到自我生存能力的锻炼，缺乏寻找食物的意志和保护自己的能力，所以没有存活下来。

这个故事表明：不能自我成长，就永远不能成为大自然的一员。动物是这样，人类更是如此。人从学会走路开始，就获得了身体的自立；能够自己吃饭、穿衣时，就有了自我的生活体验；进入青春期就有了尊重需要和自我实现需要。学生在青春期接受自励、自主、自律的教育会让他们破茧成蝶，实现人生的华丽蜕变。

（六）发展愿景

1. 以学习“三自”教育的相关材料、掌握“三自”教育的内涵为出发点

佳木斯市第三中学全体教师通过开展教科研“因材送教”活动，学习关于“三自”教育的相关材料，掌握“三自”教育的内涵和外延，学会并向学生普及自励、自主、自律的概念界定及开展“三自”教育的重要意义。

自励是实现目标的有力保障，自励和他励一样重要，是学生走向进步和成功的引擎，是激发学生积极向上的内驱力。教师教育学生学习和做事，也要秉持这种积极向上、勤于自勉的精神，传承这种持之以恒、百折不挠的意志，不怕事小，坚持做好，经久为之，必见成效！

自主是指自己主动，不受别人支配。心理学中自主就是遇事有主见，能对自己的行为负责。学生的自主能力，包括自主学习能力和自主管理能力。自主学习要把学法研究和新的学习手段、学习技术的研究摆在重要位置。自主管理是学生在教师引导下通过自行发现自我价值、发掘自身潜力、确立自我发展目标来推动自主发展。

自律是实现自励、自主的保障，教师通过班会、综合实践活动、课上课间、家里学校，无论何时、何地都教育学生加强言行自律，培养学生自律能力。自律不能只是偶尔的坚持，它必须成为学生的生活方式和生活习惯。培养自律最佳的方法是自己制定系统及常规的计划，尤其是在学生视为重要的、长期的、最想追求成功的目

标上，并努力坚持下去。

2. 以深入开展“自励、自主、自律”教育为学校教育的切入点

佳木斯市第三中学以“三自”（自励、自主、自律）教育为切入点，培养全面发展的创新人才，是对未来的教育改革趋势的顺应与呼应，充分诠释了教育的本质，目的在于培养品格高尚、知识丰富、思维创新、奉献祖国的合格初中生。自励、自主、自律是构筑人们精神大厦的基础，是初中生健康成长的必要条件。佳木斯市第三中学通过对初中一年级的新生进行调查发现，多数学生没有明确的人生目标，对做一个优秀的初中生缺乏信心。学校从学生一入学就要求学生要自励，学会制定自己的人生规划和学习生活小目标，并朝着目标前进。

“三自”教育中，佳木斯市第三中学已探索出的行之有效的方法有：

（1）增强学生的“两个”认识——认识拥有自励、自主、自律的意义，认识自己拥有自励、自主、自律的现实状况。这主要通过“召开主题班会”“升旗仪式”“讲故事名言”“读名人自传”“教师谈心指导”等方式实现。

（2）“三自”教育，先自励。学校要求学生定长、中、短期目标，通过实现一个个小目标增加成就感，激励学生不断进步。再自主，学生通过自主学习、自主管理，促进自己得到更大的发展。学会自律，学生在教师和家长的帮助指导下，养成自律的生活方式和习惯，进而保证自励、自主的有效实施。

（3）建立跟进调整机制，使“三自”教育更具实效性。学生的成长是动态的，理想和追求不是一成不变的。学校的“班级教师团队”随时跟进，密切关注，帮助学生分析调整。

（4）开展丰富多彩的校园文体活动。学校以“体育节”“艺术节”“读书节”“科技节”“劳动节”五节日为主要载体，教师让学生参与策划、主持和表演，从而培养和提高学生自主解决问题的能力。学生在活动中增强了自律和自励，为落实“三自”教育创造了机会。

（5）课堂成为开展“三自”教育的主阵地。把“三自”教育渗透到课堂教学“五环节”、德育管理“五层面”、实践活动“五节日”中，学校通过课堂、班会、大型活动、民俗节日等载体，多渠道开展“三自”教育。教师定期召开“三自”教育“专题沙龙”培训研讨会，建立教、研、培、管一体化机制。

3. 建立“三自”教育实践模型，家校联手共育“三自”新人

教师和家长的相遇，是一场爱与信任的邂逅。佳木斯市第三中学集教师、家长的智慧联手培育“三自”新人。边研究实践，边总结提升，建立“三自”教育的实践模型，为教师和家长提供可操作的把手，凝聚家校合力，成就学生梦想。

为更好地与家长沟通，佳木斯市第三中学以多样化的形式开展丰富多彩的培训指导活动。通过培训，家长充分了解学校的办学目标和办学策略，使得家校教育达到协调统一，从而找出每个学生个性化的最优培育方案，更好地落实“三自”教育。家校合作，充分发挥双方优势，这样才能真正地产生更大的教育磁场。学生素质存在差异，成长环境各不相同，因此家庭教育实施起来没有统一的计划和教材,家庭教育长期处于零散、无序、各自为政的状态,家庭教育是摆在教育工作者面前的一个比较艰巨的课题,需要我们去研究、去探索。

4. 以文绘志、以文育人,提升校园文化“软实力”

佳木斯市第三中学的校园文化勾画历史名校灵气神采,融会四海八方广博气概。佳木斯市第三中学营造了自励、自主、自律教育的文化氛围,从校风、校训到校树、校花都嵌入“三自”教育的元素,学生耳濡目染,将“三自”教育内化于心、外化于行;从班级公约到小组积分再到个人成长手册,“三自”教育行之有效、落地有声;佳木斯市第三中学的新办学理念“为学生全面发展负责,为民族伟大复兴奠基”展现出生机勃勃、大气厚重的文化新境界和文明新高度;“培养品格高尚、知识丰富、思维创新、奉献祖国的合格初中生”的育人目标汇聚形成传统与现代相互交融的精神品质与文化神韵。文化泽校,润物无声,正如浩荡东去的松花江水,滋养出佳木斯市第三中学个性化的元素,“三自”教育在潜移默化中转化为学校学生全面发展、学校全方位振兴的“硬支撑”。

5. 制定评价标准,以科学评价作为“三自”教育践行、学生幸福成长的增长点

学校在践行“三自”教育的过程中,提倡激励性评价机制。成功的欢乐是一种巨大的情绪力量,它可以促进学生好好学习,有效教育就是不断放大学生的优点进而替代其身上的弱点的过程。所以,课堂教学中,教师要多用激励性的评价语言或手势语言。批改作业时,教师要写上几句赞美的话,定期召开各类表彰奖励大会。

每年举办的“老师、家长为学生找优点”主题活动,可以说是师生心与心沟通的好契机,通过老师、家长的他励,学生会更加自励。

佳木斯市第三中学构建了新的评价体系,要求评价要有科学性、艺术性。学校教师认真学习建构主义理论,探索多元智能,体验多元评价,从过去注重甄别与选拔功能到增加更多的改进与激励功能,从关注学习成绩扩展到关注学生的全面发展和个体差异,从关注学习结果拓宽到关注学习的过程等。学校探索有效的多元评价策略,帮助学生认识自我,促进发展。具体落实在三方面:

第一,发展性:学生在发展过程中存在着差异,学校构建的评价体系要有针对性,以促进每个学生在已有水平上的发展。

第二,多维性:学校汇集教师、家长、社会、同学等多方面的信息,进行评价。

第三,个性化:学校不用一把尺子去评价所有的同学,而是关注每个学生在其原有基础上的发展,进行有针对性、开放性的评价。

此外,学校还要求教师学习探究评价艺术,让评价成为一面旗帜,引领学生朝着发展的目标前进;让评价成为一把尺子,测量学生发展的程度;把评价当成一面镜子,为学生确立自我参数;还要把评价当成一种动力,促进学生在“三自”教育路上的发展。历经一年多的研究实践,学校对“三自”教育的渊源脉络、实施策略、实证方式等进行了深入的探索,取得了很好的成效。

佳木斯市第三中学一幅“老树苍苍新蕊俏,春花漾漾暗香涌”的“三自”教育画卷铺展开来,前进的路上学校有“年过半百重起航,教育科研不停步”的老前辈,还有功成名就却还倍加珍惜热爱教育改革的身边人，于是，学校每位教师都要具备“竹杖芒鞋轻胜马，谁怕，一蓑烟雨任平生”的自信和敢于挑战的担当精神，让“自励、自主、自律”教育见证我们本土教育的发展奇迹！

第二节　“三自”教育的内涵外延及理论基础

一、“三自”教育的内涵及外延

（一）“教育”一词的起源

在西方，教育一词源于拉丁文“educate”，前缀“e”有“出”的意思，意为“引出”或“导出”，意思就是通过一定的手段，把某种本来潜在于身体和心灵内部的东西引发出来。

现代汉语中，“教育”一词来源于孟子的“得天下英才而教育之”。许慎在《说文解字》中解释：“教，上所施，下所效也”；“育，养子使作善也”。“教育”成为常用词，是19世纪末20世纪初的事情。

（二）“教育”一词的内涵

“教育”狭义上指专门组织的学校教育，广义上指影响人的身心发展的社会实践活动。教育是一个教书育人的过程，它将一种最客观的理解教予他人，而后学习者在自己的生活实践中加以应用并形成自己的价值观。教育，是一种提高人的综合素质的实践活动。

教育也是一种思维的传授，而每个人的思维形式不同，所以，教育当以客观、公正的意识思维教化于人，如此，人的思维才不至于过于偏差，才会因思维的丰富而逐渐成熟、理性，并由此走向理性的自我和拥有正确的思维认知。

（三）现代教育的使命

教育使命是学校的灵魂，它能让每一个前行的人听到有力的召唤，看到光明的指引。教育的更高目标就是实现让学生从自发走向自觉，这是学校的使命所在，也是学校存在的理由和价值追求。

东北师范大学附属中学的校长李桢曾说：“‘自觉’是个体自我意识发展的主体表征，‘自’是主体性的表述，‘觉’是内心的觉悟和自我意识的主动觉醒与成熟。”她进一步指出：“自觉教育的内在含义，就是真正给予学生这个特殊阶段的‘人’以符合规律的教育，也就是在合规律性与合目的性的结合点上，寻找中学教育的责任与使命。”

为了实现“让学生从自发走向自觉”的教育目标和教育使命，佳木斯市第三中学结合校情、学情及社会主义新时代的时代特点，在学校原来“双自主”教育、“目标、自信”教育及“和谐课堂”实践与研究的基础上，创新、延伸、概括、提炼出新的教育运作形式——“自励、自主、自律”教育。

心理学家贺岭峰，他在思考快速变化的信息社会对学生教育的影响时这样说：“我们的教育，不是站在现在看将来，因为将来谁都看不清楚，很多时候是站在将来看现在。”也就是说，现在学的很多东西，可能在不久的将来就会失效，教师要思考能让学生在这个世界上好好活下去的东西，是在教师离开之后，教师给他所有的教育、支撑和爱，能让他过上自由而有尊严的生活。学生能否有尊严地生活，不是由分数决定的，而是由一些常被人忽略的做事习惯、生活细节、生活技能等决定的，比如自主地做事，比如独处的自律能力，比如一个能带来成就感的自励爱好……每个人都不可能一直现世安稳，岁月静好，教师也不可能一直在孩子身边为他挡风遮雨。教师要教会学生自励、自主、自律知识，使其内心充满爱，这样当他们遇到挫折时，才能用这些去面对真实的人生，抵御真实的风雨，这就是“自励、自主、自律”教育的目的。

（四）“三自”教育解析

佳木斯市第三中学为了树立精品意识，打造精品工程，创建精品学校，牢记“以质量求生存，以特色谋发展，向管理要效益”的办学宗旨，在“双自主”教育和“目标、自信”教育的基础上，围绕学校“为学生全面发展负责，为民族伟大复兴奠基”的办学理念，拓展、延伸、概括、提炼出“自励、自主、自律”教育，就是为了实现“培养品格高尚、知识丰富、思维创新、奉献祖国的合格初中生”的育人目标，实现让学生从自发走向自觉的教育使命。

“三自”教育以“学生的全面发展”为核心，以“自主”作为学生自我成长的根本（这里的“自主”包括自主学习和自主管理两个方面），在“自励”源于目标引领下的动力助推下，以“自律”作为实现“双自主”的保证，三者之间互相制约，彼此推动，从而带动学生个体不断提升，不断进步，不断发展。

1.“三自”教育之自励

在“三自”教育中，“自励”是学生以目标为前提，明确个人成长的方向，是学生自觉前进的动力和源泉。“自励”一词出自：

《新五代史·南唐世家·李昪》：“昪独好学，接礼儒者，能自励为勤俭，以宽仁为政，民稍誉之。”

钱谦益《尚宝司少卿袁可立妻宋氏加封宜人制》：“当相夫膴仕之时，能自励御穷之操。”

《东周列国志》第八十二回：“国书曰：‘诸君以必死自励，何患不胜乎？’”

《红楼梦》第五十六回：“探春笑道：‘虽也看过，不过是勉人自励，虚比浮词，那里真是有的？’”

《明史·奸臣传·胡惟庸》：“惟庸亦自励，尝以曲谨当上意。”

自励的内涵：自我鼓励以增强自信的行为。通过源于自身的信念和自我反省，对自我的启迪和勉励，突出自觉性和激励作用。学生主体的成长，需要源源不断的动力，以促进其不断成长、不断进步，这种源源不断的动力就是自励。

自励的外延：自励是源于学生个体内心的自觉，在自主的目标引领下，充分发挥自励的助推作用，使学生在艰难困苦中不低头，不气馁，不用扬鞭自奋蹄，是学生在人生道路上前进的动力。自励，需要老师和家长的正确、恰当的引导，使学生都能够拥有明确的奋斗目标，并在此基础上，学生个体能够不断自省，不断自我勉励，使自己永远保持正确的方向，拥有源源不断的前行动力，进而促进自己不断地成长和进步。

自励的践行：自励是明确成长的目标和方向，是自觉前进的动力和源泉，在日常学习中，学生通过阅读、参加兴趣小组及各种大型活动，绽放自我，增强自信，激发前进的动力。在学习、生活实践中，学生需要通过阅读大量的书籍培养自励精神，书籍中积蓄了令人精神振奋、倍受鼓舞的人物形象和精神食粮，这些能成为自己前进路上的不竭动力。另外，学生还可以通过参加各种大型活动来践行自励，即在参加大型活动中，不断展示自我、发现自我，收获成功的喜悦，从而绽放自我。这些富有成效的活动使学生增强了自信，激发了前行的动力，并在不断的自我勉励中，拥抱自信，长足发展。

2.“三自”教育之自主

在“三自”教育中，“自主”是学生们管理自我的方式和方法，是学生们主动学习的意愿。“自主”一词出自：

李渔《风筝误·凯宴》：“学生因先君早丧，蒙戚补臣老伯抚养成人，如今婚姻一事，不能自主。”

蒲松龄《聊斋志异·西湖主》：“实怜君才，但不自主。

颠倒终夜，他人不及知也。”

巴金《灭亡》第十二章：“他纵然明知道这种恨、这种悲，是没有好处的，但他自己是不能自主了。”

自主的内涵：自主就是自觉、主动地管理好自己，学会学习，并逐渐形成一种能力。自主学习是指学生在学习过程中一种主动而积极自觉的学习行为，是建立在学生具有内在学习动力基础上的“想学”，是建立在学生掌握了一定的学习策略基础上的“会学”，是建立在努力基础上的“坚持学”。它是一个系统工程，需要广大教师转变教育教学观念，研究学生的学习规律，探索新的教学管理策略，寻求有利于培养学生自主学习能力的教学模式、知识内容和学习方法，使学生在教师的指导和管理下增强自主学习意识，掌握学习方法，养成学习习惯。

自主的外延：自主是在自律前提下，从自信走向自立，从自立走向自强，推动学生个体不断进步，进而使其适应学习和生活，就是行为主体按自己意愿行事的动机、能力或特性。“按自己意愿行事”包括：自由表达意志，独立做出决定，自行推进行动的进程等。

自主的践行：自主性是人的品格特性，是人的素质的基本内核，自主是管理自我的方式和方法，是主动学习的途径，自主包括自主管理和自主学习，是在确定自身发展目标的基础上，努力发掘自身潜力，发现自我价值，进而做到自主学习，在学习上体现出主动性、独立性和自律性。

所谓自主学习，是就学习的内在品质而言的，与“被动性学习”、“机械性学习”和“他主性学习”相对。认知建构主义原理认为，自主学习实际就是元认知监控的学习，是学习者能够根据自己的学习能力、学习任务的要求，积极主动地调整自己的学习策略和努力程度的过程。自主性学习要求个体对为什么学习、学习什么、如何学习等问题有自觉的意识和反映。

我国有的学者认为，如果学生在学习前自己能够确定学习目标、制订学习计划、做好具体的学习准备，在学习活动中能够对学习进程和学习方法进行自我监控、自我反馈和自我调节，在学习活动后能够对学习结果进行自我检查、自我总结、自我评价和自我补救，那么，他的学习就是自主性学习。

3.“三自”教育之自律

在“三自”教育中，“自律”是学生实现目标的基础和关键，是学生增长才干的前提和保证。“自律”一词出自：

《左传》哀公十六年：“呜呼哀哉！尼父，无自律。”

张九龄《贬韩朝宗洪州刺史制》：“不能自律，何以正人？”

苏辙《西掖告词》之十五：“朕方以恭俭自居，以法度自律，宜得慎静之吏，以督缮治之功。”

李东阳《石公墓志铭》：“虽居官久，家无赢赀，亦以俭自律，不少变。”

自律的内涵：自律就是遵循法纪，自我约束，能够自觉地用法律法规、校规校纪等来约束自己的言行。自律的精当解释要求行为主体要“慎独”，这就是说行为主体无论处于集体中，还是自己独处，都能够自觉地约束和规范自己，不放松、放纵自己，一切所行之事，都能够不逾越规矩，这就是自律的最好体现。

自律的外延：自律是自主的前提，是一种不可或缺的人格力量，真正的自律是一种自省，一种素质，一种觉悟。在一个集体中，每个生命个体能够自觉地做事、学习，严格遵守这个集体的各项规章制度，凭借的就是高度的自律。

自律的践行：自律是实现人生目标的基础和关键，是增长才干的前提和保证，自律就是自觉自愿地遵守学校的各项规章制度，自觉拥有规则意识。学生在学校和班级建设中，只有拥有规则意识，才能自觉遵守班级和学校的规章制度，才能为学校的管理做出应有的贡献，这是集体中每个成员都应该做到的。任何一个缺乏自律性的个体，在一个集体中，都是难以增长自己的才干，难以得到集体的认可的。中学生只有做到文明礼貌、遵章守纪、爱护公物，一切行动听指挥，拥有规则意识，才能成为合格的中学生。

总之，在现代教育中，每一所学校都在围绕培养新时代“四有”新人而执着奋进。佳木斯市第三中学的“自励、自主、自律”教育，也是为了完成新时代的教育使命，使学校教育实现让学生从自发走向自觉这一教育目标而提出的。

二、“三自”教育提出的理论基础

(一)教育目的的理论基础——马克思主义关于人的全面发展学说

马克思主义关于人的全面发展学说是我国确立教育目的的理论基础,正确认识和理解这一学说,对我国制定教育目标有着重要的指导意义。它规定了中国教育目的的社会主义性质和方向,指出了培养社会主义建设人才的基本要求是,德、智、体、美等方面得到全面发展。佳木斯市第三中学“为学生全面发展负责,为民族伟大复兴奠基”的办学理念,是建立在对教育理论和时代特征深刻认识并深入研究的基础之上的,是基于对“办什么样的学校、培养什么人、怎样培养人”等问题的深层次思考而提出的。“三自”(自励、自主、自律)教育运作形式,能为每一个学生的全面发展、逐梦前行保驾护航。

(二)人本主义学习理论

人本主义理论是根植于自然人性论基础之上的。人本主义理论的学习与教学观深刻地影响了教育改革,是20世纪三大教学运动之一。人本主义理论的核心是自我实现。自我潜能是人性的种子,佳木斯市第三中学根据学生的兴趣和需要,发现每个学生的潜能、个性,激发学生自励,调动学生自主,培养学生自律,鼓励学生创新,唤醒学生的自我实现能力,使学生固有的优异潜能自动地得以实现。

(三)多元智能理论

多元智能理论认为人类思维和认识的方式是多元的,每个人身上至少存在七项智能,即语言智能、数理逻辑智能、音乐智能、空间智能、身体运动智能、人际交往智能、自我认识智能。智能的分类也不仅仅局限于这七项,随着研究的深入,会出现更多的智能类型。该理论的内涵与佳木斯市第三中学目前正在倡导实施的“三自”教育有密切的内在联系,我们不研究学生的聪明度问题,而是研究学生哪些方面聪明和怎样能变聪明的问题。佳木斯市第三中学的兴趣小组、课外实践活动、体育节、艺术节等活动,能给学生一片自主的天空,让每一位学生都找到自己的优势智力领域。“三自”教育对学生发展个性优势智力进而走向成功起着重要作用。

(四)建构主义理论

建构主义理论是对当代学习理论的革命,是影响教学设计理论和实践发展走势的重要力量。建构主义理论的渊源主要是哲学和心理学,建构主义心理学被视为“教育心理学的一场革命”。建构主义学习理论来源于认知加工学说,它认为学习是个体在原有知识经验基础上,积极主动地进行意义建构的过程,即根据自己的经验背景,对外部信息主动地选择、加工和处理,从而获得自己的意义。建构主义学习理论的核心是自主学习。以学习者为中心,提倡自主学习,就是指学生亲身参与实践并对他们的所作所为进行思考的学习方式。建构主义理论教学的目的是培养新世纪善于学习的终身学习者,使他们能够自我控制学习过程,具备自我分析和评价能力，反思与批判能力及创新精神。总之，自主学习者对自己的学习要承担更大的责任。佳木斯市第三中学以“五环式教学”为载体，培养学生自主学习、自我探索的能力，以建构主义学习理论提出的合作学习及问题定向学习为主要方式。

（五）素质教育理论

素质教育理论要点为：①素质教育是面向全体学生的教育；②素质教育是全面发展的教育；③素质教育是促进学生发展的教育；④素质教育是以培养创新精神和创造能力为重点的教育。推进素质教育，创新办学理念，佳木斯市第三中学思考的是“如何利用有限的课堂，提高学生的学习效率”，得出的结论是“让学生学会自励、自主、自律，是增效减负的关键”。“三自”教育模式的提出，提高了素质教育的实效性。

《学会生存——教育世界的今天和明天》被誉为当代教育思想发展过程中里程碑式的著作，它提出教育的四个支柱：学会学习、学会生活、学会做事、学会生存。面向未来，学生有一个无止境的完善过程和学习过程，佳木斯市第三中学的“三自”教育能加速这四大支柱的形成，为学生的终身发展奠基。

《中国学生发展核心素养》以培养“全面发展的人”为核心，包括文化基础、自主发展、社会参与三个方面和人文底蕴、科学精神、学会学习、健康生活、责任担当、实践创新六大核心素养，六大核心素养的培养无一不在强调“个体”即“自我”实践的作用。由此可见，最具有生命力的教育是自我教育，自励、自主、自律可以让教育更有生机，可以扩大教育的张力。

基于上述理论，佳木斯市第三中学结合学校的实际情况，在可取可行之间确立新的办学理念，变革教育模式，形成了独具特色的“三自”教育模式，并不断提升专业自觉、厚实专业情怀，且行且思，务实、审慎地推进。

第三节　“三自”教育的现实意义

学校会因文化而成名、恒久。佳木斯市第三中学倾全校之力，集众人之智创建了一种富有生机、绽放个性神采的“三自”教育模式，它根植于自强不息的自励民族精神，外化为师生自主、自律的行动力，铸就品牌之魂，演绎文化之韵。“自励、自主、自律”是陪伴人走向成功的“三剑客”。三者是密切联系、相辅相成的。自励，使学生羽翼丰满；自主，是飞向蓝天的起点；自律，为飞行保驾护航。佳木斯市第三中学从历届优秀毕业生的成功经验总结出：自励+自主+自律=成功。“三自”教育，无言，却是最掷地有声的教育宣言；无形，却是最疏而不漏的成功之道。

只有能激发学生自我教育的教育，才是真正的教育。学生没有目标和梦想不行，光说不做也不行，只有在自励中不断战胜挫折，在自主的天空敢于振翅起飞，才能够成就目标和理想。佳木斯市第三中学的学生根据自己的意愿、兴趣和实力来制定目标，为自己的未来勾画了一幅蓝图，确定到达最终目的地的时间，至于如何起步，还得以自身的现状为准。教师帮助学生充分分析自己的目前情况，如：自己有哪些优势和不足，自己的优势潜能是什么，是否已经充分发挥出来了,如何补救;自己的学习毅力和勤奋程度如何;自己的学习方法和学习效率怎样,需做哪些改进;等等。学生不必去追求不切实际的完美,把自己的期望值设定在一个合理的区间内,在自励中奋进,在自主中发展,在自律中成长,定会到达成功的彼岸。

一、自励是一支火把,它能点燃学生的潜能

自励的意思是勉励自己,是自我鼓励以增强自信的行为,即自我激励、自我勉励。自励和他励一样重要。佳木斯市第三中学在学生初一入学时就让他们知道人生应该拥有一颗自励之心,自励让人面对挫折不气馁、身处逆境不沉沦。每一个走向成功的人都能在自励中主动争取、行健不息、奋斗不止,让生命绽放光彩。李白有着“天生我材必有用,千金散尽还复来”的自信,更有着“乘风破浪会有时,直挂云帆济沧海”的不懈追求,我们才能看到这样一位清新飘逸的诗仙。成功需要天生我才的自信和乘风破浪的勇气,这就是自励!

(一)自励是迈向成功的引擎

自励的力量来源于自我奋发向上的心理。自我激励有两种境界,一种是顺应自己的特长,一种是顺应时代的潮流,后者志存高远,发展空间会越来越大。但不管是哪种,都需要持之以恒,哪怕是做一些小事,经过长期不懈的坚持和努力,也能够逐渐形成坚强的意志,助己成功。自励是人生航船的桨、攀登高峰的梯。自励者

能为自己设定的目标努力拼搏，通过不断的自我激励，产生一股内在的驱动力，一步步迈上阶梯，朝目标前进，最终成功。所以说，自励是一个人迈向成功的引擎。

1. 自励是坚强的意志

它是战胜挫折和困难的力量源泉，是锲而不舍的精神、自强不息的毅力和直面困难的勇气。它能够调动人所有的能量，使人一步一步迈向成功。

2. 自励是有力的支撑

自励的支撑作用源于人的内心，是不用扬鞭自奋蹄的自觉。自励的人不惧困难，勇往直前。心笃行者终尝所愿，坚忍不拔者多能功成。

3. 自励是不息的鞭策

自励是人生的力量之源，人的活动如果没有自励鼓舞，就会变得软弱、空虚和渺小，只有百折不挠地向着崇高的理想迈进，才会有所成就。

4. 自励是积极的推动

一个拥有自励之心的人，才会让自己活得开心和快乐、坦然与豁达，在逆境中用坚强、坚持、坚定成就自励人生。

5. 自励是无畏的气质

自励决定着一个人追求的目标、价值取向和情操，是一个人的脊梁，更是一种无畏的气概。自励是学生必备的操守，彰显的是个人和民族的灵魂。

（二）珍珠光自励中来

华夏五千年文明史，留下多少自励的故事和名言。如张载惜时如金、争分夺秒的自励名言“夜眠人静后，早起鸟啼先”，林则徐立志为国家和民族献身的自励名言“苟利国家生死以，岂因祸福避趋之”，苏轼刻苦拼搏的自励名言“发奋识遍天下字，立志读尽人间书”，诸葛亮为事业不计个人得失的自励名言“非淡泊无以明志，非宁静无以致远”……这些自励的语言是他们走向成功的密码，也是前人留给我们的宝贵精神财富。

自励是千年不变的至情、百代流传的绮梦，是人对美好事物的向往、追求和希望，它能激发力量、引发智慧、鼓舞斗志。生命需要激励，学生的学习、生活更需要激励。每一个人成长的道路上，都有可能有一段背负着重力无路可走的时光，只要你自励前行，终会成为耀眼的珍珠。

二、自主是一对翅膀，牵引学生飞向梦想的天空

自主教育是一个历久弥新的话题，从两千多年前孔子提出因材施教的教育思想以后一直绵延至今，是古今中外教育家由来已久的主张。自主教育，是对新一轮科学技术革命和时代潮流的顺应。佳木斯市第三中学倡导自主教育，研究的主体是学生，意在唤醒学生沉睡的心灵，帮助学生认识自我、评价自我，并有意识地调

整自我，从而大力释放自身的生命潜能。心理学家马斯洛需求层次理论揭示了人的需要本质和动力源泉，人的需要产生动力，没有需要，动力就是无源之水，无本之木。佳木斯市第三中学想要培养学生的自主意识，让学生进行自主教育，首先就要从学生的心理需求特点出发，积极挖掘学生自主管理和自主学习的动力源泉。

（一）践行自主教育，成就幸福人生

1. 自主教育是素质教育的关键和灵魂

素质教育的核心是自主学习和自主发展，重点培养的是创新和实践能力。达尔文说："我认为学生所学到的任何有价值的知识都是从自学中来的。"实践也证明了这一点，当学习真正成了学生主观上的需要时，他们才会有强烈的求知欲望、认真的学习态度、刻苦的钻研精神，重要的是学会了学习。随着科学技术的发展、知识的更新，学习是终身的事。自主教育是素质教育的灵魂，它能激发学生的求知欲，保护学生的学习兴趣，培养学生的成就感。

2. 自主教育是未来发展的需要

当一个人走向社会后，他必须独立应对一切事情，一个没有自主管理能力，不会自主学习的人将处处碰壁，面临被社会淘汰的可能。学会学习是在知识经济时代和学习化社会对学习者的基本培养目标。为了跟上未来发展的步伐，每个人都要设定近期的发展方向和长久的人生目标，学会自主学习、自我管理，掌握搜取、分辨和整理各种信息的能力，为适应未来的发展打下基础。

3. 自主教育是社会发展的需要

二十一世纪教育的目标就是使受教育者学会学习、学会做人、学会生存、学会合作、学会创造。学生在学校教育阶段，如果没有能够养成自我学习、自我管理的能力，今后就要花更多的时间和精力去弥补，而且错过了最佳培养期，很难在以后的生活和工作中得到补偿。因此学校教育重要的是让学生形成对知识浓厚的兴趣和进一步吸取新知识的愿望，成功地学会自我管理，做一个有利于社会的人。

4. 自主教育是培养学生责任感的需要

学生学会自主学习、自我管理是对父母负责任的表现，对学校负责任的表现，对社会负责任的表现，学生必须不断地加强自我意识，提高自我管理和自我学习的能力，这样才能不断成长，更快、更好地走向成熟。

5. 自主教育是高考制度改革的需要

新的高考制度对学生综合能力素质的要求越来越高。综合考试，各科知识融会贯通，以能力立意命题，更多的是考查学生的综合能力和应用能力，这样的考试机制能促进学生从整体的观点来综合分析各种现象和规律，更有利于学生学以致用，用所学知识指导社会现实生活，注重对学生创新能力和知识信息分析处理能力的考查，它要求学生必须学会运用基本观点、基本概念、基本理论去分析解决新情境、新材料、新问题，这是传统教学无法企及的高度。

6. 自主教育是培养创新人才的需要

今天的学生是明天的主人。佳木斯市第三中学的办学理念就是"为学生全面发展负责、为民族伟大复兴奠基"。民族伟大复兴、实现中国梦需要具有创造精神和自主能力的时代新人。通过课堂教学、课外活动多渠道培养学生的创新意识、创新思维、创新能力，自主教育能更好地开发学生的创造力和勇于创新的品质与精神，为把我国建成世界强国奠基。

综上所述，佳木斯市第三中学提倡学生进行自主学习、自主管理是非常必要的，也是切实可行的。学校以课堂教学改革为突破口，培养学生的自主学习能力；以德育教育助力自主管理的渠道，培养学生的自主管理能力，催生新的教育思想。

（二）以"五环式"和谐课堂为主阵地，培养学生的自主学习能力

孔子曰：知之者不如好之者，好之者不如乐之者。只有乐学才能积极主动参与学习，并保持愉悦接纳的态度。著名心理学家布鲁纳说过，学习的最好刺激是对教材的兴趣，它能直接影响效果。佳木斯市第三中学的自主学习主要以五环式和谐课堂为载体，从自学、质疑、解疑点播、梳理小结、反馈练习这五个环节，教给学生学习方法，让学生学会自主学习，养成自主学习的习惯，从而优化学习过程，提高学生素质，为学生的终身学习打下坚实的基础。

第一环节：创设情境，导入新课。在导入新课时，教师可根据教材的特点，为学生创设问题实验、故事、游戏、多媒体等情境，让

他们置身其中，身临其境，激发学生的兴趣，唤起其求知欲望，点燃其学习的激情。这样能促使情、知交融，达到和谐的状态。

第二环节：目标引领，自主学习。教师科学制定目标，让学生带着目标独立自学，积极思考，挖掘潜能，探究性学习，培养学生的自主性、独立性、实践性。学生通过课前自学，把课本上的知识内化为自己的自主学习能力。学生将自学发现的疑点提出来。这主要是为了培养学生提出问题的能力。

第三个环节：合作探究，突破疑难。先是兵教兵，学生相互讨论无法解决的老师再进行深度补充、拓展提升。这个过程可以让不同层次的学生都有所提高，既能锻炼学生的讲解能力，也能训练他们的求异思维和创新思维。

第四环节：展示交流，分享成果。学生以小组为单位展示学习成果，表达方式多样化，可以板演、辩论、演讲、唱歌、表演、讲故事等多种形式进行展示，教师引导学生将课本的内容进行整理，建构知识体系，形成明晰的脉络，这样既培养了学生归纳概括能力，又使新的知识在学生的头脑当中形成一个完整的体系。

第五环节：分层练习，体验成功。教师注意进行分层次地设计习题，做到有针对性地进行训练。佳木斯市第三中学自主学习的课堂，全程分明线和暗线两条线。明线是充分放手让学生学和练，突出学生主体地位，暗线是发挥教师的主导作用。

让先学有导、让暴露有法，这种自主学习课堂能激发学生的学习激情，学习过程适合学生的学习状态，满足了学生的兴趣，所以这样的学习是有意义和有价值的，在观点的碰撞和师生、生生的互动中创设了一个生命怒放、激情四射的魅力课堂。

教师设计了宽松民主的氛围,设计了开放的学习环境,有弹性的学习问题,为学生质疑求解留下空间,捕捉到了学生的思维断点,也造就了异想天开的奇思妙想、天马行空的智慧火花,尤其在小组讨论时,设计的问题要有挑战性、交换性。教师设计开放而有张力的问题能引导学生主动生成有效问题,放大学生的思维空间,给予全体学生独立思维的自由。教师在课堂上给学生一个自由阐述、个体理解的机会,这些问题有的可能单纯幼稚,有的颇具思考价值,但都反映了学生对文本的理解,让每一个学生能够在原有的基础上有所突破。中国有句古话叫"授人以鱼不如授人以渔",说的是传授给人既有知识,不如传授给人学习知识的方法。

(三)自主管理的班级,人人有岗位,事事有人管

第一步,班级构建自主管理的文化形态,形成自主管理的氛围。学生的个人兴趣、爱好是自主管理的原动力之一,是促进学生自主发展的内在动力,班主任可利用正向强化理论和心理暗示理论等来建立驱动机制。各班可根据学生的特长差异,设计不同的岗位,形成班级"人人有事做、事事有人管"的局面。

第二步,班级实施岗位自主管理,引入班干部自主管理机制。班干部岗位设置是开放的、变动的,这样能使一些成绩不太优秀、工作能力强的学生脱颖而出,更能使成绩优秀的学生也注重提高自己的全方位素质和能力。班级先制定详细的规章制度,从值日工作到班级纪律,从班费花销到班会主持,班干部各管一职,班干部的素质和自主管理班级的能力提高了,以点带面,然后面向全体同学实施自主管理,做到人人有事做,事事有人管。

第三步，建设成人人有岗、服务大家的班集体。班级岗位采用竞标的方法设置：有负责纪律的、课前准备的、修理备品的、浇花的、监督走廊行走一条线的……其中还有很多生动有趣的名称，如阳光天使（负责开关灯）、白衣天使（关注学生健康、记病假的）、环保卫士（变废为宝，收集矿泉水瓶、废纸）……

第四步，鼓励学生写自主管理成长日记。成长日记记下学生在实施自主管理过程中遇到的困惑、收获、想法等，如一位学生写道：我想当纪律之星，因为我知道纪律是学习的保障，可我活泼好动，纪律散漫，管不住自己，我该怎么办呢？老师留言：青春是驿动的，本应彩羽蹁跹，我喜欢你的活泼好动，但要做到活泼而守纪律，热情而不冲动，乐观而不盲目，自律会让你成功！后来，家长、课任老师都说他进步很大，这样真情的沟通胜过不必要的担心。

自主教育关注的是“人的潜力如何最大限度地调动起来并加以实现，以及人的内部灵性与可能性如何生成”。当学生意识到自己是学习和实践的主体时，他们学习起来最有动力。自主教育进行一年后，我们调查反馈情况，结果如下：

家长说：“孩子们懂事了，回家能主动学习了，认真写作业了。”

政教处老师说：“学生的校服仪表不用督促了，卫生、间操等情况大有改观，学生文明礼貌、道德素养有所提升，学生之间关系和谐。”

课任老师说：“学生爱学习、爱思考、会总结了，作业上交齐，成绩进步快。”

自主教育让学生明白：只有通过自己的努力才能成功改变自己。实施班级自主管理，不仅能让班主任从班级琐事中解放出来，也符合培养学生综合素质的教育方向，老师和家长有时就像一株蒲公英，总是不忍心将自己的孩子放飞天涯，然而，事实证明，只有在自由放飞的日子里，他们才能到更高、更远处寻找自己的未来和希望。自主教育给了学生一片真正属于自己的蓝天，在这片自由的天空里他们成就梦想、自由翱翔！

三、自律是成功路上的必修课

自律在《现代汉语词典》中的解释为：自己约束自己。自律是自我约束、自我控制的行为。自律是一扇窗子，打开它，你拥有的不仅仅是窗外的风景，还有成功。心理学家得出一个结论：懂得自控的孩子拥有一种可贵的品质，就是自律，而自律才是成功的要诀，自律的孩子，未来将会更成功。

自律是成功的基石。佳木斯市第三中学初一期末考试全校第一名的同学，她入学时成绩排在学年三四十名。她入三中不久，学校就开展了“三自”教育。一次“自律”主题班会后，她回家就制订了自己的时间计划表和生涯规划。作为班长的她，积极将他律转变为自律，每一天她都能严格遵守计划，无论是在校期间还是在家上网课期间，即使没有家人陪同她也能做到认真听课，按时按要求完成作业，她的家里也有手机、电脑、电视，她也面临着一样的诱惑。但是，她在诱惑面前坚持原则，朝着自己的目标努力前行，学习成绩从几十名到前十名再到学年第一。她自豪地说这是“三自”教育回馈给她最好的礼物。推开的窗，蚊蝇和阳光会一起入室，抵制它们的方法，是在心中筑起自我防护网，自律就是最有效的防御武器。

相反，三中有一个男孩，身体越来越胖，成绩不断下滑，班主任为了帮助他改变现状，进行家访以了解情况。原来孩子父母长年在外，他跟爷爷住在一起。父母总以足够的金钱满足孩子。男孩饮食挑剔，嫌爷爷煮的饭菜不好吃，常以汉堡、炸鸡、牛排、烧烤为食，以饮料、果汁代替水，这造成其身体肥胖，影响了牙齿和身体健康，学习全靠爷爷督促。班主任帮助他制订了学习计划和生活规律表，并与其爷爷达成共识，要求父母加大关注力度和必要的约束。一段时间后，孩子自主、自律，成绩也有所提高。这样在无父母监管的情况下不能自律的学生，学习生活随心所欲，放纵的是自己，挥霍的是健康，蹉跎的是岁月。

因此，佳木斯市第三中学鼓励学生自律，开展了如下的自律活动：

（一）制订学习、生活计划

合理安排作息时间，包括完成老师规定的学习任务、自主预习和复习、体育锻炼和课外阅读等要素，注意劳逸结合。

（二）学会取舍，排出做事的先后顺序，然后按序去做，避免手忙脚乱

学习时，学生面对诸多的复习资料，学会取舍是最重要的。学生不能凭自己的心情和一时方便行事。中学生的学习时间相当紧迫，要保证有足够的精力去完成首要的任务。

（三）把自律的生活方式当成目标

学生要向那些高度自律的成功人士学习，让自律成为生活方

式。培养自律的最佳方式是为自己制订系统、长期、常规计划，例如：为了提高书写能力，每天坚持定时练字，为扩大知识量定期阅读经典名著等。

（四）培养自律的习惯，向借口挑战

培养自律的习惯，首先要破除找借口的倾向。如果学生总能找到无法自律的理由，家长和老师就要让他认清这些说辞不过是一堆借口罢了。如果学生想变得优秀，取得成功，就必须向借口提出挑战。

村上春树说："当自律变成一种本能的习惯，你就会享受到它的快乐。"

学生应该在任何时间、地点、情况下都做到自律。它是自己与自己的约定和承诺。那么，怎么让自律变成习惯呢？有以下几点经验：

第一，学会明辨是非。知道什么是对的，什么是错的，要从多方面来思考问题，不能被事物表象所迷惑，从而控制自己。

第二，严格要求自己。新时代的繁华与复杂，有无数的新奇和诱惑，正确地对待这些关系到我们的一生。所以，自律非常重要。

第三，要有顽强意志。如果你有自律的意识，但行为表现与自律所要求的不相称，这就需要顽强的意志力做助推剂，将内心的意识变为行动，把他律转变为自律。

第四，要从小事做起。"千里之堤溃于蚁穴"，"勿以恶小而为之，勿以善小而不为"。校园中也有不和谐的音符，如乱丢乱扔、讲不文明的话、无故迟到、不专心听讲等现象。这些破坏了良好的校

园学习氛围,更重要的是让大家的心灵蒙尘。

第五,经常自省自察。《荀子·劝学》中说:“木受绳则直,金就砺则利。君子博学而日参省乎己,则知明而行无过矣。”德国哲学家海涅说:“反省是一面镜子,它能够将我们的错误清清楚楚地照出来,使我们有机会改正。一个人的愚笨不在他的无知,而在他不知自己的无知。一个学会审视自己的人才有可能认清自己,摆正自己的位置,才能有自知之明。”每日三省、自律修身,短期内未必能见成效,但长此以往,你所看到的风景一定与众不同,你的人生境界一定是别人无法企及的高度。

成功其实都是人生给予自律的奖赏,不经一番彻骨寒,怎得梅花扑鼻香。自律是一个成功人士必须具备的关键素养之一。自律如一个茧,学生在里面慢慢修炼,总有一天会羽化成蝶蹁跹于百花丛中。

四、播撒“三自”教育的种子,体验成长的幸福

靠自我教育成功的例子自古屡见不鲜。汉朝孙敬,“头悬梁”发奋苦读,博学多才,成为一名通晓古今的大学问家,常有不远千里的学子,负笈担簦书来向他求学解疑;战国苏秦,“锥刺股”刻苦钻研,最终成为出名的政治家;“囊萤映雪”是晋朝车胤和孙康利用萤火虫的光和雪的反光刻苦读书自学成才的故事;西汉匡衡“凿壁偷光”勤学苦读,最终成为大学问家。这些典故都蕴含着自励、自主、自律让人成功的哲理。

家校联手以培养“三自”教育新人为使命,为学生播种“自励、

自主、自律”的种子。为此佳木斯市第三中学在整体发展思路上理所应当有更高境界的追求,用更高的校园文化品位促进学校在整体发展中构建“大气厚重,活力创新”的校园文化,追求活跃,在“三自”教育的文化空间中放飞雏鹰,让师生们的创意展现出生命的勃勃生机,让师生主动成长,自觉地和学校整体创新的文化相互支持,相互激发,“三自”教育是佳木斯市第三中学全体师生共创的校园精神,展现了学校发展的新格局、新高度。

(一)“三自”教育激发了学生活力,提高了学生生命成长的质量

作为学校主体的学生,“三自”教育不仅激发了学生的智慧潜能,也让他们在自由的心灵中逐渐放飞远大的理想,形成主动发展的能力,让他们的创新活力得到充分的彰显。

(二)学生活力促进教师专业成长,教师实现了更高水平的发展

“三自”教育下学生活力四射、成长迅速,激发了教师主动发展的使命感,促进教师生成更多的教育智慧,如家校合作的沟通、教学创意的改变、教育资源的开发、自主课堂的驾驭能力、评价艺术等,这就让追求创新、引领学生成为学校教师发展的一个明确导向。教师靠学生生长、提升,意味着教师要追求更高的专业智慧,来激发和培养学生的创新潜能,以不辜负我们承担的培育“三自”新人的使命,在尊重教育规律的前提下,主动促进学生的发展。与此同时,教师自身也实现了更高水平的发展,包括跟学生一起开展充满活力的教育活动时,教师需要不断地充实自己的知识储备、专业素养,融会贯通,重新开发教育资源等,为学生提供更加合适、更

加丰富的精神营养。虽然每位教师已经有很高的素养，但是在进行集体备课和教研时，还是要借助教师团队乃至全校师资队伍的合作机制，相互切磋、共同探索、开发更多的共享资源，以适应开放的课堂。同时，教师也会在自主开放、智慧碰撞的课堂中从学生那里汲取更多的灵感，实现教学相长。

（三）教师的成长提升了学校的品质和教育教学质量，也拓宽了自己的教育视野

从长远发展的眼光和专业的眼光看，“三自”教育为培养新时代的追梦人提供了最佳的教育模式，让学生获得了更好的发展，也体验到了真正的成长，激活了学生内心的创新热情，让学生在主动学习中获得提高，激发了学生的潜能。与此同时，教师的素养也提高了，拓展和开发了丰富的教育资源。从学校的发展角度来看，教师是成就学生、成就名校的最直接的关键因素，拥有高素质的教师队伍是学校发展的有力支撑，是促进学校发展的第一要素。“三自”教育以正确的价值取向，充盈着全校师生的心灵，让师生们在充满“三自”教育文化的空间里自主、自由、自觉地携手前行，砥砺奋进，幸福成长！

第二章

研究—探索—实践

第一节　发挥“自励”在教育教学中的助推作用

一、自励之德育

学生的成长，需要源源不断的动力。在“三自”教育中，“自励”这种以自我鼓励增强自信的行为，通过源于自身的信念和自我反省，对自我进行启迪和勉励，从而促进自我不断成长、不断进步。自励的实施，以目标为引领，使学生明确个人成长方向，拥有自觉前进的动力。班主任在落实“三自”教育时，只有对自励进行深入、系统的探索与研究，才能在实施自励教育方面有科学的策略和方法。

（一）班级“自励”教育途径一　用自励点燃青春的火把

初中阶段是学生成长的重要时期，学生在学习和生活中可能遇到各种挫折和困难，导致他们没有自信。开展“三自”教育可以让学生变得更加积极，能够最大化地发挥其主观能动性，提升创造力。

激励是教育中常用的教学方法之一，能发挥重要作用。自励属于激励教育的组成部分之一，指的是学生通过自我鼓励，向预定目标前行，最终实现理想的一种方式。自励，自我鼓励以增强自信的行为。初中阶段学生的主体地位与自我意识处于不断增强的状态。佳木斯市第三中学倡导学生接受“自励、自主、自律”教育，使学生拥有学习的主动性与积极性，让学生转变学习态度，从“要我学”变成“我要学”。教师务必重视学生的主体性，适时对学生展开激励教育，这有助于将教师的教育需求转化为学生的主观需求。

班主任应将自己所教的学生视为亟须点燃的火把，而火把能否点燃的关键是能否对学生进行适时的激励。适时地对学生展开激励教育，这是班主任带班必备的管理理念，以期达到“不用扬鞭自奋蹄”的效果，从而不断提高学生的自我管控能力，使其在学习和生活上都更加自律，进而凸显初中生的主体地位，实现自主学习、自主管理。自我激励在中学阶段发挥着重要作用，那么应该怎样才能使自我激励在初中生学习过程中的作用发挥到最大，如何将激励教育变为实践而非停留于口头或课堂上，用自励点燃青春的火把，这是现阶段我们面临的重要课题，对此佳木斯市第三中学开展了一系列活动。

1. 提高自我认知能力

自我认知指的是学生对自身的心理特点、生理特征、道德品质及性格有所了解，是对自我的确认。采取有效的自我激励措施，要以对自我的正确认知为基础，以此构建正确的自我评价标准和评价体系。学生对自身有明确的认知是进行自我激励的前提条件，对自我的认知既要听从客观的评价，又要结合自我的审视，认清自我，懂得扬长避短，将优点最大化地发挥出来，同时也要明确自己有哪些缺点及应该如何改正。每周的班务会上，针对考试、值日、活动等，老师应用科学的引导方式，让学生学会自我肯定，对自己的情绪进行更好的管理，树立积极的心态，实现自我激励。

佳木斯市第三中学在班级管理中，推行小组评比制。比较是获取感性认识的重要方式，学生和团队要将自己置于比较的位置，在与他人的比较中更好地对自我进行认识和提升。在此过程中，教师可以引导学生与他人比较之后，吸取他人的优点，借鉴相关的经验，在对比中发现自身存在的问题，找准发展的方向。这里说的"比较"，指的不仅仅是自身与他人的比较，也包括"今天"的自己与"昨天"的自己之间的比较，发现自己仍然存在的缺点，明确需要继续坚持的方向，找到需要改进的方向，更好地解决存在的问题。在进行小组评比的同时，小组间还要互帮互助。不同小组的成员要学会认真聆听他人的评价，尤其是对自己有益的评价。作为班主任，要建议学生对他人的建设性意见用积极的心态去面对，这有利于学生自我的不断完善与发展。"实践是检验真理的唯一标准"，初中生在不断的学习实践中加深了对自我的认识，根据过往对自我进行评价。对自我的科学审视，因为是以实践为基础，所以评价能更客观准确。

2. 明确自我发展目标

明确的自我发展目标是中学生进行自我激励的最大动力。中学生的自我发展目标指的是学生在初中阶段，对自己学习、生活及未来的发展方向进行的展望。它不仅涵盖初中阶段的学习规划、生活规划，还有对未来将要从事职业的规划。从某种程度上来说，学生的自我发展目标会对其初中阶段的学习、生活等表现产生影响,更与社会未来的发展息息相关。佳木斯市第三中学各班班级文化墙上都有学生的阶段性目标,班主任、家长每个学期都与学生一起制定目标,包括长期目标、短期目标、追击目标、行为规范目标等,班主任、科任教师及家长一起督促,促进学生订立的目标达成和实现。

学生自我发展目标犹如航行的灯塔,指引着学生的学习之路与生活之路。班主任要在课堂上引导学生在初中阶段为自己制定发展目标,让学生对自身发展进行规划。如佳木斯市第三中学开展丰富多彩的校园文化活动,让学生通过参与活动,发现自己的兴趣点,更好地对自身未来发展进行规划,使学生对自我发展目标的理解更加具体,从而促使他们以自身的爱好和特长为依据,制定适合自己发展的各项目标。

3. 树立自信与成功意识

《心理学大辞典》给“自信”下的定义为:“自我意识的重要成分,个体由对自己的能力、品格和力量等的肯定评价而产生的信任自己的情感。”自励,自我鼓励以增强自信的行为。为增强学生的自信,并使其不断进行自我勉励,班级可以借助墙上的自励名言,让每一面墙都会“说话”,都成为激励学生的平台。看到陶渊明的“及时当勉励,岁月不待人”,学生们都应明白要珍惜时间。尤其是在初三冲刺阶段,班主任应更注重营造自励的氛围。当学生们看到墙上的励志话语“把命运掌握在自己手里”“拼一个秋冬春夏!赢一生无怨无悔!”“拥有梦想只是一种智力,实现梦想才是一种能力”“挥洒斗志,成就梦想”等时,他们就更能点燃自己拼搏奋斗的热情。

4. 培养自我激励习惯

外在的激励教育和内在的自我激励可以视为一个有机的整体。当外在的激励教育与内在的自我激励有机结合之后，激励作用也就能发挥得更加充分，否则效果不会显著。每个初中生的成长过程，若是从内在角度来看，可以看作是自我建构的过程；若是从外在角度来看，是学生在教育下不断丰富和完善的过程。客观环境处于不断的变化之中，中学生在这种环境背景下能够吸取一定的生活经验，也会面临很多的发展契机。不过，只有外在因素与内在需求因素经过有机整合之后，才可能让学生发展得更加全面。然而外因的助推作用远远低于内因的作用，中学生如果能够学会自我激励，那么自我塑造也就会随即开始。

为了能够让中学生培养良好的激励习惯，更好地塑造自我，班主任可以利用班会、升旗仪式、班务会、主题教育活动等对学生展开激励教育，主要针对以下几个方面：①强化中学生的积极意识，将焦点放于成功的制度上；②端正人生态度，用积极的心态面对未知的挑战；③树立团队意识，有进取心，在力所能及的情况下帮助他人，通过外部激励，建立强大的内心世界；④肯定自我，用更加积极的心态面对生活和学习；⑤克服内心的恐惧，树立自信，接触正能量的事物，避免负能量的影响，提高认知能力。

初中阶段是学生心理日渐成熟的重要时期，大脑通常处于高度兴奋的状态。在网络媒体不断发展的同时，现代中学生的认知方式、价值观及思维方式也在不断地发生改变，思维能力与探索能力逐渐增强。他们的心理复杂多变，情感更加丰富，人格更加丰满，对独立、自信与自尊更加看重，自我意识尤为强烈。教师要对学生的世界观、人生观及价值观进行正确的引导，让学生能够真正学会自我激励，更加科学地明确自己的学习目标与生活目标。班主任通过对学生进行自我激励教育，激发学生的学习兴趣，丰富他们的思想情感，提高他们的抗挫折能力，从而培养学生良好的学习品格。

（二）班级“自励”教育途径二　以活动为载体，创建“自励”型班集体

初中阶段是一个承上启下的关键阶段，也是学生们人生观、价值观形成的重要时期，在这个时期形成的价值取向，很可能会影响其一生。当今时代充满竞争，教师培养学生自我管理、自我激励的能力，不仅能满足这个年龄段学生自我实现的需求，更能体现佳木斯市第三中学提出的“为学生全面发展负责，为民族伟大复兴奠基”的教育理念。

如何才能让“自励”成为班级所有成员共同认可的价值取向，让每一个班级成员都拥有归属感和自豪感？依托佳木斯市第三中学“自励、自主、自律”“三自”教育，班主任在班级管理和班级建设中要设计一系列的活动，力求达到寓教于乐、润物无声的教育效果。

1. 把自励管理融入活动

在人们的印象中，“管理”往往与“严厉”“刻板”等词语连在一起，让学生自主管理，无非就是由几个班干部代替班主任管理班级

同学,但这并非真正的“自主管理”。真正的“自主管理”应该是每个学生由心底认可并付诸实践的自我约束和自我控制。为此,班主任可以进行以下几种尝试和实践:

(1)自励管理需要不断完善。班主任通过点评、评选和座谈会的形式,与学生共商班级事务,实现学生的自主教育和自我完善。对于一个班级而言,管理当然是全员参与,师生共同制定“班级公约”和“值日组长职责”,但在落实的过程中,班主任更多的是要采取学生“点评”、“评选”和“座谈会”的形式。

在每日晨会上,前一天的值日组长对当天情况做以全面点评,班主任要表扬典型、列出不足,对于失责的行为,给予一定的建议,以此激发学生的自我反思和自我教育意识。每个值日组长在工作中都会体现出鲜明的个性,比如:在黑板一角写上一则名人名言,在值日组长日志上提出对班级管理的小小建议。每过一段时间,班主任就要召开班干部会议及部分学生座谈会,让大家对前一阶段的班级情况做以小结,及时发现问题、总结问题,并对制度进行不断完善,从而形成良性循环。

(2)自励管理需要树立榜样。“自励型”班级需要积极向上的引领者,这可以通过评选各类积极分子、举行颁奖仪式、颁发奖状等方式进行培养。这些引领者,可以是班干部,可以是学习成绩优异者,也可以是某一方面表现突出者。为了让每个学生都在班级中找到自己的价值,班级每学期末推选各种优秀典型,由学生们自主评选出符合各类条件的明星达人,如“感恩之星”“爱校之星”“文艺之星”“读书之星”“运动之星”等。

(3)自励管理需要良性竞争。“自励”型班级需要营造良性竞争氛围，这可以通过进行“小组积分制”竞赛，以小组为单位开展日常管理和活动实现。苏联教育家苏霍姆林斯基说：“集体是教育的工具。”让大集体中的小集体产生良性竞争，这有利于促进班级每个学生实现自我约束、自我管理和自我激励。

在班级小组积分制竞赛中，加分的机会很多，方方面面的突出表现都能列入加分项，获奖者，考试满分者，活动参与、组织者……从学习到活动，多加少减的制度会让学生们更轻松地投入学习活动中来，同时也能培养小组组员之间的默契与凝聚力。

每日放学前，当天的值日组长记录并结算分数，每一项加减分都会有记录，确保公开、公正、公平，每月总积分排名，进行学期积分的累加后再清零，下月从零开始记录，每月每组都站在同一起跑线上继续努力。学期末，积分最高的小组被授予“先进小组”称号，组长与组员均会获得奖品和奖状。小组积分制竞赛开展后，早晨迟到的人减少了，默写满分的人增加了，学生参加活动的积极性也提高了。

2. 用特色活动点亮自励

班级文化建设需要独具特色、有亮点的各类教育活动来体现班级个性和精神风貌，以增强班级成员之间的凝聚力。班级特色体现于各类活动中，在“人无我有、人有我优”的特色活动中，学生的自豪感会油然而生，自我勉励的作用也会随之而生。现代心理学家表示，当一个学生拥有成就感、自豪感时，就会形成自我激励的心理机制，这更有利于学生的主动发展。

(1)创办特色班级文化。班级文化建设通过班风建设、教室文化设计、开展各种文化活动及教师的言传身教等使学生在潜移默化中受到熏陶与感染,并使之内化、升华为信念和理想。良好的班级文化对学生具有潜移默化的教育影响力和感染力。在新学期之初,各班都要积极开展班级文化方面的建设。苏霍姆林斯基曾经说:"无论是种植花草树木,还是悬挂图片标语,或是利用墙报,我们都将从审美的高度深入规划,以便挖掘其潜移默化的育人功能,并最终连学校的墙壁也在说话。"

教室是学生学习、生活、交际的主要场所,也是师生情感交流的地方。优美的教室环境能给学生增添生活与学习的乐趣,消除学习后的疲劳,更重要的是,它有助于培养学生正确的审美观念,陶冶学生的情操,激发学生热爱班级、热爱学校的情感,促进学生奋发向上。通过精心设计班级标语、细心布置班级墙壁,力求让墙壁会"说话",大家共同制定班规、班级目标、班徽、班歌,充分发挥班集体的凝聚力。

(2)创建"书香"班级。"最是书香能致远",让书香的力量浸润学生们的思想,让经典伴随学生们成长。学校举行"浸润经典、品读书香"等一系列的读书活动,培养学生们的读书兴趣,塑造特色鲜明的班级文化。

为了确保学生有充分的阅读资源,班级要建立图书角,并制定图书借阅、管理制度。为了充实阅读资源,每一名学生自己带一本最喜欢的书到班级,以供借阅。每天中午,学生们捧着心仪的图书,无论是三五成群还是两人一组,一起读书、讨论、交流,这是多么美妙动人的画面!为巩固学生日常阅读积累,班主任还要以学校举行的"品读书香"活动为契机,开展诵读表演、作品展示等读书活动。

(3)积极参加团体活动。学校组织开展形式多样的活动,提高学生思想修养,培养学生们的学习习惯和学习兴趣,促进学生的自主参与,促进学生之间彼此尊重理解和相互协作,增进彼此友谊,进而升华为集体感情。一般来说,最能调动学生们情感的就是大型的团体竞赛活动了,如新学期之初的军训、大课间操比赛、体育节、艺术节等大型活动。班主任积极组织学生参加各项大型活动,在各类活动中,学生各尽所能,提出目标,不断超越自我,同时为班级争得荣誉。这些活动,增进了学生之间的友谊,为形成班级凝聚力搭建了桥梁,又使学生心情愉悦,同时产生了自豪感、责任感和集体荣誉感。精彩纷呈的学校活动,使学生们充分享受了初中生活的欢乐,学生的个性得以彰显,感受到了集体的温馨,也使班级文化建设更上一个台阶,给校园生活增添了无数绚丽的色彩和智慧的火花。

3. 自励培养贵在坚持

一个孩子从幼儿园、小学、初中、高中到大学,要经历大约十九年的光阴,这是一段漫长而又短暂的时光。这十九年是一个孩子健康成长的关键时期,也是其人生最关键的学习期。尤其是初中这段时光,学生们会在家长和老师的教诲、培养和鼓励下去学习。但是真正促进一个孩子坚持学习并努力刻苦学习的因素,是孩子的自励精神!

靠别人的鞭策和鼓励,能达到成功的很少。真正成功的人士,是靠自己对自己的鼓励,自己对自己的信任,一步一步走向成功的！自励，是成为成功人士必备的精神。张海迪的故事告诉我们一个人具备自励精神是多么重要！

初中班主任不能陪伴学生一生，但要助学生一程。在初中阶段，班主任要注重培养学生的自励，让学生自己相信自己，自己勉励自己。具体的做法如下：

(1)树立自信，培养自励。学生要发现自身的优点，增加自信，建立自己对自己的信任。学生正确认识自身的优点并树立信心是培养自励精神的一个很好的方法。在班级中，很多学生都不自信，甚至还很自卑，根源就是学生们常常忽视了自己的优点，自己看到的总是自己的缺点，长此以往，就不自信了。因此在每个学期的开始，班主任要召开“寻找优秀的我”的主题班会，帮助学生们找到自身的优点，正确认识自己，树立自信。

(2)学习借鉴，激发自励。自励需要定期反复强化。班级每个月要举行一次“学生讲自励故事”活动——我最喜爱的励志小故事，让学生谈谈这些小故事给他们带来的感悟和启示，这是必不可少的。从心理学角度来看，情绪是最不稳定的，情绪持续的时间是很短暂的。尤其是初中生，激励的语言带来的小小刺激持续的时间不会很久，所以必须要定期激励。学生们所讲的励志小故事就是刺激学生自励的心灵鸡汤，通过向学生定期“喂食”，激励学生不断进步。这种定期激励会取得很好的效果，也会告诉学生们，自励也是需要定期进行的，自我勉励，奋发上进，不需要大动干戈，平时只要多看些励志的小故事，就能起到自我勉励的作用。

(3)阶段总结，强化自励。职场人士有职业倦怠，学生们在学习中也有倦怠期。阶段性的自我总结，是自我勉励的一种有效方法。利用班会的时间，班主任可以让学生讲讲身边的亲朋好友等真实的自励故事。班主任要经常讲一些社会上和身边人的励志故事，包括老师和家长的自励故事，尤其是毕业学生自励并取得成功的典型案例。班主任甚至可以邀请已经毕业的学生来给现在的学生分享他们的学习、自励和成功经验。这些刺激学生奋发自励的方式方法是会富有成效的，学生更容易听进心里去。这些刺激也告诉学生们，树立一个正确的目标，并不断地奋发自励，才能不断地进步与提升。

此外，班级每个月举办一次“我的努力进行中”手抄报展示活动。手抄报展示，不图学生们做得有多精彩，内容有多丰富，哪怕整个手抄报只有一个内容也行。班主任只是希望通过这个方法，激励学生那颗马上就要倦怠的心，继续努力学习，目的就是通过制作手抄报，让学生通过阶段性总结，看到自己的进步，增强自信心，不断勉励自己——一定会越来越优秀。

4. 树立目标，指引自励

班主任要帮助学生树立学习的目标，有了目标，学生才会有前进的动力。具体做法如下：

（1）确定追击目标——目标锁定法。这种做法，就是在班级团队建设中，建议学生把名次排在自己前面、距离自己很近的同学设定为自己追赶的学习目标，在日常学习中，关注对方、盯住对方，丝毫不放松自己的学习，争取在下次考试中超越对方。超越之后，学生再确定一个新的追击目标并不断勉励自己继续超越，最终收获成功。

(2)确定长期目标——中考升学目标。绝大多数学生都把重点高中作为自己升学的理想目标,为了能够让学生拥有正确的升学目标,班主任在学生确立升学目标前,先鼓励家长和学生有时间的话,一定要先去参观其他高中,单纯从校舍比较一下,自己希望初中毕业后上哪所高中,然后再从每所高中的录取分数、师资力量、将来升入大学及就业去向等方面加以分析和引导。这种方式能让学生做出最为正确的选择,明确奋斗目标,心向美好,努力刻苦学习,为了自己的美好前程而努力奋斗。同时班主任要告诉学生,树立一个美好目标是强化自己的最好方法。

5. 奖好扬优,激励自励

在学习上,班主任采取一些恰当的方法激励学生努力刻苦学习,学生的状态会越来越好。老师们每天都要展示优秀的和有进步的课堂笔记、课后作业等,还要表扬表现好的同学等,但每天表扬的人数不能太多,因为经常被表扬的学生也会骄傲的,所以老师们每天表扬几名优秀的学生,再表扬几名有进步的学生。学生们进行对比,查找自身的不足,向优秀者看齐,进而所有的学生都期望被表扬、被发现,这个期望稍微努力还能实现,学生每天都会充满希望,课堂笔记整理和作业质量就会越来越好,学生们学习的状态也会随之越来越好。学生们会意识到,把自己的本职工作做好,把自己的学习任务认真完成,做得好就会得到肯定,这是最实际也是最为简单的刺激。

(三)班级“自励”教育途径三　自励者,拼搏恒久远

叶圣陶老先生有许多发人深省的教育语录。他留下的语录,

话虽简短，意却深远，其中最触动师者那颗心的，是叶老先生的这样一句箴言：“教育的最终目的在于使学生能自学自励，出了学校，担任了工作，一直能自学自励，一辈子做主动、有为的人。”我们的教育方式多种多样，不尽相同，但目的都是一致的。教师教书就是为了育人，培育一个能自学、懂知识、求上进、敢作为的人，这才是教育的目标及教育的意义所在。让学生具备自励的素养，这是其具备情商素养的前提和保证，因为自励能力是一个人自我内在持有的良好心态和坚强意志力的表现。

漫漫人生路，教师如在大海中行进的小船，经常会感到迷茫而无所适从，更何况是处于青春期的初中生呢！作为教育工作者，教会学生如何在人生的风浪中坚定自己的成长目标和方向，自发自觉地生出前进的动力和勇气，主动地调整人生之舟的航向，应是教师努力钻研的课题之一，通过“三自”教育实践，教师对“三自”教育体系中的自励教育感触颇深，那么班主任培养学生自励应该做到哪些呢？

1. 要厘清学生不自励的外在行为表现

不自励的具体表现如下：

(1)觉得自己处处都不如别人，极度缺乏自信；(2)性格内向，孤立自己，不同人交往；(3)在意他人眼光，过于压抑、悲观、失望；(4)拒绝说话和表达，只想自己一个人待着；(5)没有主见，别人让干吗就干吗；(6)情绪低落又爱哭，自闭，还伴有焦虑、失眠。

2. 要辨析不自励性格形成的内在原因

学生不自励的原因，具体有以下四个：

(1)有心理阴影。不少家长在孩子成长过程中都说过这样的话,比如:“不要到处乱跑,小心捡垃圾的把你骗走”“再不听话就把你送给坏人”等,这些“大灰狼”式的话语无形中就给孩子带来了一定的心理压力,孩子就会认为外面的世界很黑暗,坏人很多,自然就会产生逃避或防备的心理。也有一些孩子听过一些可怕的故事,或者看过一些可怕的影片,心里留下了不可磨灭的阴影,从而胆小、不自信,进而遇到挫折时不能自我勉励。

(2)家长保护过度。有些家长对自己的孩子保护过度过细,捧在手上怕摔了,含在嘴里怕化了,日常生活中什么事情都不让孩子接触,比如:孩子要碰一下扫把,家长就说:“小心扎着你,多脏啊,快放下!”孩子想洗一下碗,家长就嚷嚷:“别动,会摔烂的。”凡此种种,孩子没有在尝试和实践中得到体验,从而变得胆小。孩子逐渐长大后,也还是照样被保护着,正是这种无形的保护导致了孩子的不自信也不自励。

(3)交往太少,对陌生人及群体不适应。由于生长环境单一,有些学生除了跟父母等长辈一起外,很少与同龄的小朋友交往玩耍,孩子的交往能力得不到锻炼,慢慢地孩子怕见到陌生人,怕在众人面前说话。

(4)青春期身体和心理因素,导致学生自我封闭,不能自励。处于青春期的学生们,随着身体的发育,心理也会产生微妙的变化。他们在这一时期会变得敏感而多疑,通常别人的一个眼神、一句话,就会引起其内心的情感、情绪波动,前一秒还是豪情万丈,后一秒可能就会变得自卑颓唐,所以周围的一切都有可能对他们产生巨大的影响。

3. 班主任培养学生自励的法则

(1)态度尊重促自励。班主任要认真对待学生提出的诉求,在不违反原则的前提下尽量满足;实在有违教育原则的,也要态度和蔼、充满尊重地提出自己的意见和建议。因为很多学生的父母都习惯性地认为孩子总是想一出是一出,想法单纯幼稚,这样容易忽视孩子的要求,让孩子感觉不被重视,那么孩子就会怀疑自己是不是提错了要求,从而缺乏自信。学校教育是家庭教育的补充,所以学校、老师一定要重视学生的要求,保护学生提出见解的积极性。

(2)赋予选择练自励。班主任老师要给学生创造选择的机会,让学生参与班级的各项管理工作。在管理中,班主任要放手让学生们大胆地去做,可以提前给学生们选择的机会、具体操作的建议等,让他们既有选择的权利,又能降低失败的风险,形成良性心理定式,这可以帮助学生学会自主思考,树立自信心,进而练习自我勉励。

(3)主动示弱增自励。作为班主任,更多时候展现在学生们面前的是超人形象:无所不能,仿佛已经修炼成了金刚不坏之身,像满血复活的战士,永远精力充沛,不知疲倦。但实际上班主任肩负家庭、工作、生活的责任,并不轻松。那么为什么不把学生们变成自己的帮手呢?班主任也要学会主动示弱,向学生提出工作管理困难,请学生们帮忙解决,让学生们感受到自己被需要,被需要的感觉能够给人以很大的自信心。

(4)活动放手激自励。班级的大小活动,班主任都可以放手让学生们参与策划、组织进行,适当让学生们自己当家做主,让学生们去做自己没有做过的事情,迎接新挑战,给学生们一个自由发挥和成长的空间,让他们独立地去负责一些活动,可以增强其自信心。

(5)积极评价固自励。班主任不要总是抱着一种教育的心态,这样很容易让学生感觉自己的地位比较低,一定要多和学生平等交流,多给予学生肯定和积极的评价,以朋友的心态,以平等的态度跟他们讲道理,这是有助于增强学生的自信心的。

4. 培养学生自励拼搏的具体做法

现在的中学生大都是独生子女,特殊的成长环境塑造了他们特有的性格特征:追求上进,兴趣广泛,求知欲强;感情脆弱,情绪不稳;自尊心强,协调力差;依赖性强,竞争力差。其实,他们的这些特征尚不十分稳定,可塑性较大。班主任要依据学生的心理变化规律,培养他们良好的思想品格,让他们学会自我激励。

(1)积极引导认知,形成正确的判断。认知是一个人的心理体验积淀的过程,是一个由感性到理性转变的过程。当今时代信息急剧膨胀,各种思潮瞬息万变,思想活跃、思维敏捷的中小学生会有不同的思考和判断,形成各种不同的思想,有的甚至会产生迷惘、困惑,思想认识出现多元化倾向。为此教师应从实际出发,对学生普遍存在的倾向性问题,通过征文、座谈、广播宣传等形式,有针对性地开展校园讨论,科学引导,明确正确的判断标准,纠正他们思想认识上的偏差。学校可在校园内掀起“知识 · 能力 · 创新”的大讨论,引导他们形成 21 世纪更需要知识,有知识才能转变为能力,才会有所创造的认识。

(2)多献爱心,培养情感。爱心具有强烈的驱动力、凝聚力,对人的认识和行为起着推动、调节等作用。教师在教育教学中应自觉倾注爱心,培养学生健康积极的情感。爱心似春雨,润物无声,它能增强学生的自信心,激发学生潜能,形成直接推动学生进步的巨大动力。教师要进入学生的精神天地,因势利导,用自身的亲和力真诚引导学生的情感方向,激发他们用健康、稳定、高尚的情感对待学习,对待生活和人生。

(3)激发动机,追求目标。渴望成功是人的一种本能。人有了渴望成功的冲动和激情,才有成功的可能。教师应多了解并尽可能地满足学生的需要,善于激发学生的潜能。教师对学习上的后进生要尽可能地帮助、激励,和他们一同探讨学习方法,引导他们向成绩好、表现好的同学看齐,从而增强其学习的信心和动力,不断进步。

(4)磨砺意志,培养完美个性。意志是人自觉克服困难、完成预定任务的心理品格,是人主观能动性的突出表现。现在的中学生在特殊的环境下成长,当他们的生活出现麻烦、学习遇到困难、人际交往出现障碍时,会产生困惑、迷惘、孤独、自卑等心理问题。教师应以人为本,体现人文关怀,努力加强学生意志品质培养,如利用校园广播、黑板报专栏介绍古今中外奋发有为、刻苦自励者的成长轨迹,让学生明白,意志、毅力是最重要的素质,坚强的意志、顽强的毅力是克服困难的法宝,也是一个人走向成功的重要前提。

(5)学会自学,学会自励。对于学生,无论是学习知识还是树立良好人生态度,都需要自主地、自发地学习,这样才能持之以恒地积累,最终达到学有所用、学有所进的目标。所以,教师培养学生形成正确的学习观，让其树立自我的学习目标，十分有必要。在这个充斥着手机、网络的时代，许多负面的信息时刻影响着青少年，尤其是中学生，他们往往是最缺乏自学能力的。对于学生，教师要善于发现其长处，并且使其长处成为激发他自学心的推力，鼓励他主动地自学。

有这样一类学生，他们十分努力地学习，但学习效果却不尽如人意。这类学生中，仅有极少数能够在面对挫折时做到自我激励，坚持下去。所以，学生养成自学习惯固然很重要，但更重要的是让学生拥有自励精神。毕竟，一个人只有具备了自励精神，才能探索不息、奋斗不止、进取不辍，最终才能攻坚克难、修正航向、不断成长。

总之，好的学风待教师跟学生共同养成，但主要还在学生。因为如果学生能自学、懂自励，在学校就好比鱼在宽广的水里，游动自如，无往不利，才会不断长进。所以，当教师学会教给学生自学能力，教给学生自励精神时，学生的一生才会得到真正的幸福，教师的一生也才会得到真正的幸福。

好的办学理念能让一所好学校持续发展，好的教育思想能让学生受益终身。正所谓："三自"教育驻心间，自我勉励行动远，持之以恒勤拼搏，精彩人生相继现。相信佳木斯市第三中学的学生们能够自励自律，在人生的海洋中时刻自勉，自信乐观，直济沧海，迎风鼓帆。

二、自励之教学

自励，要求教师在教学过程中，帮助学生确定对其有意义的学习目标。自励能帮助学生在学习过程中投入情感,有内在的动力支持,能从学习中获得积极的情感体验,帮助学生发现他们所学东西的意义,进而让学生在自我意识发展的基础上能学、想学。

自励是自主的目标引领,是走向成功的支撑力,是促使人去探索、创新、实践的重要推动力。能够时常自励的学生往往能通过正确的方式表达自己,在遇到困难或挫折时,能够坦然面对。对于正在成长的学生来说,他们的心理品质正在形成过程中,可塑性很强,教师应抓住这一教育时机,让自励伴随学生成长。

(一)语文教学

佳木斯市第三中学语文学科的全体教师倡导传递有思想的语文,构建有温度的教研,推行有素养的阅读,培养有视野的学生。全体语文教师立足于课堂,切实转变教学观念,经过时间的沉淀,自励教育效果显著,催生学生们的语文学习绽放芳华。

1.向古籍汲取自励

中华民族之所以能在世界文明之林享誉千年,在于它丰富而又充满魅力的传统文化。中华传统文化的海洋包罗万象,随手俯拾,即为经典,皆可启迪智慧。在古籍中,有关自励的内容特别多。

孔子说:“其身正,不令而行;其身不正,虽令不从。”周敦颐说:“出淤泥而不染,濯清涟而不妖。”……这些古籍中的经典论述,我们取之不尽,用之不竭。这些经典论述都可以用来对学生进行自励教育,让学生们汲取精髓,滋养身心,变得更加积极。

2. 从今人学习自励

当今社会科技发达,电子产品充斥着人们的生活,成为生活中不可或缺的部分。人们习惯了现代化的通信方式,一切信息快速传播和扩散,其中传播正能量的视频极其丰富,而且形式喜闻乐见,学生们乐于接受。

如前段时间特别火的歌曲《少年》,其振奋人心的旋律仍响彻耳边:

成长的路上必然经历很多风雨,相信自己终有属于你的盛举,
别因为磨难停住你的脚步,坚持住,就会拥有属于你的蓝图,
我还是从前那个少年,没有一丝丝改变,
时间只不过是考验,种在心中信念丝毫未减……

这样的歌曲比比皆是,它们又是以学生们喜欢的形式呈现,教师充分挖掘这些素材进行自励教育,不但内容时尚、新鲜而富有时代气息,而且能让学生们在不自觉中接受教育,水到渠成,浑然天成,妙不可言。

3. 教师评价促自励

除了寻找合适的内容开展教育外,教师还要进行恰当的评价,促进学生自励。适当多元丰富的评价有利于学生建立自信心,实现自我鼓励。所以语文老师一定要在自己的评价语言上下功夫,语言要以激励、肯定、表扬和欣赏为主,对于不足要以真诚的心态、语重心长的语气提出意见和建议,这样才能使学生们学会自励。

4. 学生榜样学自励

俗话说:启事在教诲,成事在榜样。一个好的榜样就是最好的宣传。学生榜样的力量是固化自励的终极力量。因为榜样真实存在、近在咫尺,具有超强说服力,所以老师一定要选好对象、树立榜样,激励他人,自励自律,奋发图强。

大语文着陆于小课堂,教师们在有计划、有目标、循序渐进地铺陈语文知识的同时,也要润物无声地渗透情感教育。

(二)数学教学

作为一门有着很强的系统性和逻辑性的学科,数学教师教学的成就很大程度上取决于学生对数学课的兴趣。因此,在数学教学活动中,教师要有意识地培养学生学会自我鼓励,增强其学习数学的自信心,这可以促进学生主动参与,大胆探索,激发学生的求知欲,使学生在原有的基础上得到进一步的发展。

佳木斯市第三中学数学学科的全体教师从内驱、外力两方面在数学教学中渗透自励理念。

1. 内驱

(1)用师爱培养学生积极向上的数学情感。美国著名心理学家罗杰斯说过:“成功的教学依赖于一种真诚的尊重和信任的师生关系……”由此可见,教师对学生的爱不能局限于优等生,而是应面向全体学生。欣赏学生,尊重学生,与学生心理相融,情感相通,和谐的师生关系能使教育发生作用。

(2)在点滴进步中激发学生自励意识。发展心理学告诉我们，学生能力的发展不是一蹴而就的，需要一个过程。对于学习稍有困难的学生，教师要仔细观察，发现学生的优点或者强项，且要经常予以夸奖。在平时的教学过程中，教师对部分基础不好的学生，通过各方面的测试和观察，全面了解情况，并通过强化该学生其他方面的优点或者成绩，激发其数学学习动力。例如，甲同学数学基础很差，但他在语文阅读方面的表现非常突出。教师可以在班级公开表扬他，以此为切入点鼓励学生。教师也可通过改变一些教学方法，让学生找到自信，在数学学习中体验快乐。

(3)引导学生确立学习方向，树立正确的学习目标。明确的学习目标能够更好地指导学生学习，教师在授课时应该从学生的兴趣、爱好和需要出发，要根据学生的基础、能力、兴趣、接受程度等实际情况帮助学生制定不同的学习目标。例如在讲解了一元一次方程的解法后，教师可布置解方程比赛，或者在学习了一个章节后，举办思维导图展示活动等，这些都可以形成一种压力，激发学生的学习动机，以积极进取替代惰性心理。

(4)多种方式诱发学生学习兴趣。兴趣是最好的老师，教师要善于诱发学生学习兴趣，通过生动的实例描述枯燥的数学概念，使比较抽象的内容变得通俗易懂。数学知识原本就比较抽象，要使抽象的内容变得具体易懂，教师就得从生活中挖掘素材，在日常生活中发现数学知识，利用数学知识来提高学生的学习兴趣。教师可通过一些有趣的实验、生动的讲解，让学生知道“数学有趣”“数学有用”。教学中，教师还要让学生积极动手探究，通过实践得出结论，及时帮助学生解决学习困难，使学生顺利地掌握基础知识和学习方法，稳定数学学习兴趣。对于学习数学感到吃力的学生，教师可以采用合作学习的方式，并且适当降低要求，以增强其学习数学的信心。

2. 外力

(1)营造良好的课堂氛围。教育心理学告诉我们，学生在没有精神压力和心理负担时，大脑皮层及神经中枢最为活跃，此时，学生的运算、实践能力都能达到最佳水平。实践证明，和谐融洽的学习氛围对学生的学习成绩提高有促进作用，学生的自信心会增强，他们会勇敢地表达自己的见解，阐述自己的看法，形成向更高目标迈进的意愿，从而形成良性循环。

(2)精心设计教学环节。在课堂教学中，教师在备课时需要精心创设教学情境。在这个过程中，在预定的教学场景下，教师应鼓励学生多发表自己的意见，不管对错都不要急于否定，营造一种“这个方法对不对呢？我们接下来一起探究”的氛围，激发学生的求知欲。近年来，教师逐渐意识到“满堂灌”教学方式的弊端，也更深刻地感悟到，在数学教学过程中，教师扮演的角色并不是“发号施令者”，而是引导者，学生才是学习的主体，要让学生在放松的状态下去学习数学，学生才能真正喜欢数学，乐学好学。

(3)加强对学生学习方法的指导。学生掌握知识，有一个科学的学习过程，这个过程包括预习、听课、复习、作业、小结、检测等环节。在教学中，教师要加强对学生学习方法的指导，细化到每一个环节，如教给学生课前预习的方法，及时整理公式或知识经验的习惯等，长此以往，将有利于学生自信心的建立。学生掌握了一定的学习方法后,就会品尝到收获感,给自己以激励,从而进一步激发学习的兴趣,树立学习的信心。

(4)善用激励性评价。教师对学生的评价直接影响着学生的自信心。教师要正确评价学生,也要引导学生正确地评价自己。正面、肯定的评价会激励、鼓舞学生,会大大地提高学生的自信心,使学生学会自我激励。

为了在数学课堂教学中渗透自励理念,佳木斯市第三中学数学学科全体教师始终在不断学习,寻求合理的方法,以激发学生的学习兴趣,促进学生全面健康发展。

(三)化学教学

德国教育家第斯多惠指出:“教学的艺术不在于传授的本领,而在于激励、唤醒、鼓舞。”教学是师生之间、学生与学生之间多向互动的活动。在这一特定的环境中,师生关系、教师的课堂教学观、学生之间的竞争与合作、课堂心理氛围、课堂上教师的表扬与批评、教师对学生课堂行为问题的处理、教师对学生学习结果的反馈与评价方式等,都将对学生的心理发展和心理健康产生重要的影响。教师通过化学教学,使学生自我激励、自我勉励、自我鼓励,这样能激发力量、引发智慧、鼓舞斗志、增强自信。那么,在化学教学中教师该如何培养学生的自励精神呢?

1. 让学生融入化学

初中化学是一门与生活密切相关的学科。学生开始学习时,主要是了解而不是理解,观察要求大于背诵要求。教师应该通过各种实验展现化学学科的魅力，以此来吸引学生喜欢化学课。

例如：碳、硫在空气与氧气中燃烧现象不同，教师要引导学生通过观察总结，鼓励学生进行回答，慢慢让学生学会如何正确描述化学变化中的现象，这个过程可能会浪费课堂时间，但是对学生，尤其是学习困难学生而言，课堂中各种正确的回答都是在不断给他们增加自信，他们会认识到只要好好听，就能正确回答。

学生踊跃地参与实验，层出不穷的想法实际上是在消除他们的课堂紧张感，增强他们学习的自信，让他们感受到只有动脑，才能正确地完成实验。教师利用丰富多彩的实验素材、千变万化的实验现象，对学生进行情感教育，满足他们的好奇心，激发学习兴趣，使其热爱化学学科。如“魔棒点火”“氢气弹爆炸”“铁变金”等一系列直观性和趣味性强的实验，都可极大激发学生的求知欲，活跃学习氛围。

化学实验本身是有魅力的，学生都想动手做实验，但是当他们在实验中遇到困难，如实验做不成功，或是害怕实验的危险，或是担心有毒药品影响健康时，就不愿做实验，甚至不敢进实验室。因此，在实验教学中，教师不能光使学生停留在对实验的直接兴趣上，更重要的是要使学生认识到掌握化学知识的必要性和重要性，善于把有趣的实验现象和乏味的实验原理结合起来，以促成直接兴趣和间接兴趣的彼此交替、相互转化，使学生真正喜爱化学学科，并形成无畏的科学精神，让学生面对失败不气馁，面对困难能勇往直前，磨炼学生的意志。

2. 让学生发展自我

好的教育源于爱，源于体贴入微，源于教学和生活中的点点滴滴。教师赏识学生的点滴进步,多说“你真棒!”“我相信你能行的”。这是给学生的一种莫大的鼓舞,尊重与关爱是教育的基点,它能激励学生积极主动参与,增强自信。

教师对学生要多做正面、肯定性评价。评价是为学生的发展服务的,而良好的心理素质是学生发展最重要的基础和保证。教师对学生进行恰如其分的评价会对学生的发展有深远的影响。同时,教师也要鼓励学生自我评价。在化学教学过程中,教师鼓励学生自我评价有利于发展学生思维的独立性和批判性,有利于培养学生的自信心和创造力。在化学课堂教学中,教师要关注学生互相评价,可以通过正式或非正式的方式让学生多向交流,进行相互评价、相互学习与模仿,共同提高心理素质。

3. 让学生自我激励

教师对学生给予期望能激励学生,使之增强信心,期望越诚恳热切,鼓舞的力量就越大。人的潜力需要以自我激励和自我暗示的方式来激发,一旦学生认为自己做不到,那么心里就会给自己罗列出无数个做不到的借口。相反,如果从一开始学生就坚信自己能够成功,那么在遇到困难时,他们往往会发挥出超乎自己想象的能力。学生长期反复地自我灌输“我能成功”的积极思想,形成坚定的信念,他们就会相信自己能获得成功,即使遇到困难挫折,也不会妄自菲薄,始终会以积极的态度应对挑战,直达目标。

在化学课堂中,教师积极引导、创设轻松愉快的学习环境,尊重信任学生、大力提倡成功教育,使学生在学习活动中克服自身缺点,提高智力、能力,培养良好个性,在不断的成功带来的喜悦中,激励自己形成自信。

(四)体育教学

少年强,青年强,则中国强。少年强、青年强的表现是多方面的,既包括思想品德、学习成绩、创新能力、动手能力方面,也包括身体健康、体魄强壮等方面。“文明其精神,野蛮其体魄。”佳木斯市第三中学树立健康第一的教育理念,开齐开足体育课,在体育学科教学中通过如下方式渗透自励理念,帮助学生在体育锻炼中享受乐趣、增强体质、健全人格、锤炼意志。

1. 设置疑问引起学生的兴趣

设疑,即以问题的形式提出每堂课的教学内容,把教学的内容变成问题,使之成为一种诱因,把学生已经形成的学习兴趣由潜伏状态转入活动状态,从而形成推动学生学习的内部动因,调动学生学习的积极性,完成当前的任务,同时使已形成的学习兴趣得到巩固和加强。

在体育教学中,教师要有目的、有预见地给学生“设置疑问”,让其亲身体验,进而解决问题。这样既提高了学生的学习兴趣,又开拓了学生的思路,对于其更好地掌握技术动作能起到重要作用,也可以有效地活跃课堂气氛。

课堂教学中“设疑”的方法较多,如“悬念式设疑”,即教师在课的一开始设置一些悬念,使学生带着问题上课,并且让学生通过亲身体验把问题解决掉,从而实现学生知识的迁移和智力的飞跃。如在上跳跃课时,“立定跳远为什么要预摆?”“起跳后展腹有什么作用?”等一系列教师有目的的提问,能引发学生的思考,使学生在探索中一步一步进行练习,激发学生对所学内容的兴趣,让学生自己寻找解决问题的方法,从而促使学生主动去锻炼,这比单纯强调学生怎样做效果要好得多。

2. 教学方法和手段要让学生感兴趣

俗话说:“教学有法,教无定法,贵在得法。”新颖、独特、富有个性的体育教法,会使学生对体育课产生兴趣。因此,教师要根据不同教材的特点,运用灵活多样的教学手段和方法来激发和保持学生的学习兴趣。如在跳绳、篮球、游戏练习中,当学生拿到绳子或球时,很渴望自由活动或自己组织,此时教师给学生 1 ~ 2 分钟时间去发挥各自的才能或让他们自己分组,学生正当的欲望得到满足,就能集中思想和精力很好地学习下一项内容。

3. 通过游戏竞赛来激发学生的练习兴趣

在体育教学中,教师要多利用游戏进行练习,使学生始终处于一种“角色情境”中,创设一种宽松、活泼、和谐的教学氛围,充分发挥学生的主动性、积极性、兴趣性,提高教学质量。

例如,在短跑教学中,教师多利用“迎面接力赛”“50 米往返接力”“障碍跑”等形式进行练习,又如“大渔网”游戏,学生初做会觉得有意思,再做就开始觉得单调,有些乏味,游戏不再能吸引他们。为此,教师可以在游戏中精心设计场地,创设“大海”的景象,将跳箱作为“礁石”,垫子作为小鱼的家,还有水草、渔网,教师当渔夫,学生是大海里自由自在的小鱼,教师在游戏中要启发学生如何通过大家的智慧,不被渔夫抓住,如何去救被抓住的小鱼。这样操作,练习形式活了,气氛也活了,学生在兴趣驱使下学习,收获会很多,也能培养学生的主动性、积极性,发展学生的创造能力,从而达到"我想学""我要学""我会学""我爱学"的目的。

4. 常用激励方式来提高学生的练习兴趣

在教学中,教师要善于发现和利用学生的闪光点。气可鼓不可泄,鼓气,就是激励,对学习信心不足的学生,教师在发现他们有一点进步时,就要及时表扬和鼓励,以增强其荣誉感、自信心。如教师组织学生进行跳高练习时,若采用这样的语言"你们必须给我跳过去,跳不过去的要受罚!"学生听了心里不舒服,会带着顾虑练习,效果肯定不会好。如果换成勉励式布置"同学们要大胆地练习,跳不过去没关系,我再继续教你们",效果就会大有不同。在体育教学中,表现特别好的学生,最大的期望莫过于得到教师及时的评价和鼓励;有某些过失的学生,最害怕的莫过于受到教师的批评。遇到上述情况,教师正确的做法应是:该表扬的,就实事求是地给予表扬,并提出新的期望,鼓励其向更高的目标迈进;有过失的,批评要适度,动之以情,晓之以理,激发其补缺改过的动机和行为。这样学生就会大胆练习,认真练习,兴趣和积极性也会有所提高。

5. 体育活动课的选择要注重学生的兴趣

在体育活动课的教学过程中,教师要多安排学生喜欢的娱乐体育活动和教学竞赛课程,突出以"体育活动课"活动为主的教学特点，使学生在生理上、心理上得到满足，从而激发学生的锻炼热情。

在身体素质、跳绳、球类、运动竞赛、娱乐体育等项目上，学生可根据自己的爱好和特长进行多种活动，改变体育教学中单纯向学生传授知识和技能、发展体力的身体教育观念，改变体育教学中教师强制灌输、学生机械再现的教学方法，改变在体育教学中学生被动学的局面，倡导学生主动地、愉快地学习。教师通过活动课进行大量的运动实践，使学生了解一些体育竞赛知识和规则，学生会在活动中体会到体育知识和技术的重要性，激发学生锻炼身体的兴趣，培养学生参与体育活动的意识、能力和习惯。丰富多彩的体育活动锻炼了学生的身心，培养了学生的竞争意识和团结协作、勇于拼搏的精神。

体育教师在教学中采用新的手段和方法，培养学生学习体育的兴趣并养成锻炼的习惯，最大限度地调动了学生锻炼的积极性，为教师更好地完成体育课堂的教学任务起到了较好的推动作用。

综上所述，自励对学生的学习、生活都是无比重要的，自励给学生以力量，给学生以快乐，只有自励自信才能让学生的学习事半功倍，让他们的人生越过越精彩。一个缺乏自励精神的学生会缺乏进取的动力，很难取得好的成绩，从而可能对自己的学习乃至前途失去信心，感到失望和茫然。所以教师一定要认识到自励精神的重要性，帮助学生发扬优点，以己之长，克己之短，不断培养学生的自励精神。

第二节　提升“自主”在教育教学管理中的作用

一、自主之德育

在“三自”教育中，“自主”是指学生管理自我的方式和方法，是学生主动学习的意愿。自主是在自律的前提下，行为主体按照自己的意愿行事的动机、能力或特性，按照自己的意愿行事包括：自由表达意志，独立做出决定，自行推进行动的进程等。班主任在“三自”教育实践中，要掌握一定的“自主”管理方法，同时通过借鉴不同的“自主”管理方法，推动学生个体的不断进步，进而使学生适应学习和生活。

（一）班级“自主”管理方法一　“自主”管理帮助学生插上“自由”成长的翅膀

自主，即学生能够对自己的行为负责，管理好自己的日常行为，并逐渐形成一种习惯和能力。

学生自主管理是指学生在教师的积极引导下，自行发现自我价值，发掘自身潜力，确立自我发展目标，形成适应社会发展和推动个体与社会发展的意识和能力的一种教育管理模式。培养学生的自主管理能力，是一个教育过程，也是一个社会实践过程，更是学校励志教育的一种体现。自主管理要求教师对班级各种活动及每个学生充分授权，从而激励班级组织和个人学习的自主性和创造性的管理方式，也是一种管理思想。在班级自主管理全过程中教师要充分注重学生潜能的发挥，注重实现学生的个人目标与班级、学校目标的内在统一，在实现整体目标的同时实现学生的个人追求。

在日常学习和生活中，班主任要将自主管理贯彻落实到每一个细节之中。

1.教会学生自主管理个人情绪

(1)让每一名学生找到自己的情绪弱点并用直视的态度来对待它，然后再找一些方法去克服它。这样可以达到使学生随时随地提醒自己控制情绪的目的，以便于集中精力更好地学习。

(2)放松自己的心情。学生在意识到自身情绪弱点的时候，在平时和同学交流时要保持心平气和的态度，这样同学们也会慢慢喜欢上自己，性格自然而然会得到改变。好性格成就好未来。

(3)有意识地转移话题。当发现自己情绪激动起来、下一秒就要爆发的时候，为了避免立即爆发，学生可以有意识地转移话题或者做点其他事情来分散自己的注意力，使自己冷静下来。

2.培养学生自主管理个人行为的习惯

(1)遵循先入为主的规律。将开学的第一周定为常规养成教育周，学校根据各班的特点，增补制定适合各班的班规，以小组为单位组织学生联系实际逐一进行认真的学习、讨论。班主任对学生进行文明礼仪、常规养成教育时，注重让学生明确怎么做，为什么要这样做，以及如何去做，使学生一进学校头脑就被深深地打上常规、礼仪的烙印。培养良好的行为习惯是一个长期的过程，不能只寄希望于开学第一周、第一个月的强化教育活动。班主任通过开学初扎扎实实的养成教育，让学生熟悉校纪班规。在教师的提醒、引导下，学生会逐渐由“他律”发展为“自律”，养成自主管理个人行为的习惯。

(2)班主任在引导学生养成好习惯的同时，要及时纠正其日常的不良习惯。对学生存在的问题班主任要“晓之以理，动之以情”，利用课内外一切有利的时机对学生进行心理教育、良好行为习惯教育、学习方法态度指导教育，并利用板报、手抄报、班会、共青团活动等各种途径，用生动的故事、真实的事例告诉学生，养成良好的行为、学习习惯将会终身受益，良好的习惯对个人的成长、发展起着不可估量的作用。

(3)规矩约束。俗话说：“没有规矩，不成方圆。”开学初，依照佳木斯市第三中学《中学生日常行为规范守则》，学校针对学习、纪律、卫生、礼仪等几个方面的问题制定了一套《学生自主管理细则》，学生有章可循。学生依据细则要求，采用加分、减分的办法记录自己一天的表现，每一周进行一次小结，班级评选出本周的“自主优秀学生”。同时，班主任指导学生每人制作一张“承诺卡片”，写下自己本学期想要达到的目标或自己要改正的缺点，挂在班级里，让它时时提醒自己，如有违反时，就拿下来看一看，说一说感受。这样坚持不懈地进行规矩约束，有利于学生良好习惯的养成，也有利于学生自主管理能力的提升。

3. 教会学生“自主”理财，培养学生养成合理消费的好习惯

(1)让学生先预算好每个月的花销，将必要的生活费用分成几大部分，依次判断每项要用多少钱。这是合理消费最重要的一步，也是最基础的一步。

(2)培养学生树立避免盲目消费的价值观：对于有益的方面可适度加大消费。比如：有益的书籍、一些健身器材、必备的文具等。同时要避免盲目消费，比如：买太多不去看的书籍，这就是盲目消费了。

(3)抵制不良的消费：不喝酒、不抽烟，不去台球厅、网吧、游戏厅等禁止未成年人入内的地方，避免养成不良习惯。

自主管理个人消费能帮助学生树立合理的金钱观、理财观、消费观，使其在学生时代就养成良好的消费习惯。

初中生自主管理能力的提升，不仅能促进社会发展，还能促进学生全面发展及其自身综合素质的提升。每个学生只有学会“自主”管理，才能自由成长。让“自主”管理努力帮助学生插上“自由”成长的翅膀吧！

(二)班级“自主”管理方法二　培养学生自主管理能力，促进学生全面发展

顾明远教授在谈到未来教育时曾说：“教育的本质是提高每个人的生命质量和生命价值。”终身学习是一种能力，养成自主管理的学习习惯是教师培养学生的目标。教师经常遇到的问题是，教师讲多少学生学多少，遇到问题或困惑时，学生的选择是等待教师来讲，而不是自主探究或者以小组合作的方式来解决问题，针对这

样的现象，班主任应首先将提高学生自主学习管理的理念和方法传递给学生。现在大多数学生都缺乏自主管理意识，班主任在班级管理中要注重培养“自主管理习惯养成”，把这些积极的因素植入学生的头脑，植入每个学生的心灵，伴随他们成长。最终培养出有探究能力、自强自信、全面发展的人。

实施中学生自主管理，培养学生自主学习的意识和能力，班主任应该从以下四个方面入手：

1. 坚持“立德树人”，培养具有自主管理能力的时代新人

班主任在工作中，要时刻不忘“立德树人”的根本任务，努力践行佳木斯市第三中学“为学生全面发展负责，为民族伟大复兴奠基”的办学理念，把社会主义核心价值观落实、落细，以达到“立德树人”目的。

2. 坚持“五育人”并举，为学生全面发展负责

(1)落实课程育人、管理育人、活动育人、实践育人、协同育人，培养学生自主能力、社会实践综合能力。具体策略是：目标引领、强化自律、激励自进、和谐共融。

(2)在常规管理中，班主任要培养学生做到“三自”“四不”。“三自”即自强、自信、自律；“四不”即不顶撞父母、不抄袭作业、不随手扔垃圾、不说脏话。平时班主任要以身作则，注意培养学生的习惯，比如要求学生看到垃圾要随手捡起来等。习惯一旦形成，便会成为一种半自动化的潜意识行为。

(3)“自主”管理每天做到“三坚持”。坚持是自我诚信的体现,更是一种契约精神。

①坚持每天锻炼一小时,如果时间比较紧,可主要利用好上下午两个课间操。

②坚持每天“新闻播报五分钟”。班主任要求学生看新闻联播,利用每天午自习“新闻播报五分钟”,引导学生关注时事,养成看新闻的习惯。

③坚持每天“早晚阅读十分钟”。在全民阅读大环境下,提高阅读能力也是班级自主管理目标之一。佳木斯市第三中学主要围绕课内名著导读内容展开,通过打卡上传每天阅读情况。

(4)家校合作提升学生“自主”管理能力。初一学生入学班主任首先要重视学生的养成教育、自主学习意识,培养学生良好的行为习惯、卫生习惯、学习习惯、自我管理能力,通过制定班级公约、学习《中学生守则》《中学生日常行为规范》使学生明确如何做一名合格的中学生;进入初二,随着年龄的增长,学生对初中生活不再陌生,课业量增多,学业压力逐渐增大,一些家庭因素给学生带来一些困扰,许多同学会出现烦躁、逆反、厌学、迷恋手机网络等问题,家长遇到这些情况总是无可奈何,管不了、不敢说,有的家长粗暴解决,结果适得其反。孩子顺利度过青春期,离不开家庭和学校共同努力,班主任可通过家长会、电话微信、家长面谈等方式,让家长知道孩子也是有独立思想的个体,要像朋友一样平等对待他们,了解孩子内心深处的想法,结合学校教育进行适时的引导,而且要让家长对自己的孩子充满希望,因为相对于成绩的好坏,更重视孩子的修养、品德教育,这是父母和老师能给孩子最好的礼物。所以学校教育必须有家庭教育的配合,二者都要依据每个孩子的实际情况，正确引导其成长，使其学会自我管理。

3. 用班级制度文化促进“自主”管理

(1)俗话说：“没有规矩不成方圆。”校有校规，班有班规。在班级制度文化建设中，佳木斯市第三中学的最终目标是：让学生形成“自主”管理的能力，让每个学生在一定的准则规范下能自觉地约束自己的言行，进而达到自律的效果，将“硬制度”与“软文化”融于一体。每学期开学时，班主任都会根据学校的规章制度和班级学生的实际情况，组织学生一起讨论制定符合班情的“班级公约”，公约内容可以涉及纪律、卫生、安全、请假、课间操、学习、文明礼貌、班级管理等各个方面，这样就可以让学生更明确新学期班级目标及个人目标。

(2)建立合理的班干部制度。班干部是老师的小助手，是班级的带头人，班干部各司其职能使班级工作有序开展。在班级管理这方面，绝大多数班干部都非常优秀，班级很多事情班干部都能处理得很好，能真正起到上传下达的沟通作用。

新生刚入学，班主任们都先通过观察，对学生进行了解。一周后，在班会课上，班级成员通过推荐与自荐的方式确定班干部候选人，又通过竞选的方式组建班委会。班长要明确卫生要达到什么标准，纪律要达到什么要求，对违纪学生如何进行指正等。除了培训，班主任每天要倾听他们在班级管理中遇到的问题及处理方式，对他们的真心管理、大胆管理表示赞赏，并同他们探讨有无更好的方式。这样，班干部们的自尊心得到尊重，也能尝到成功的喜悦，班干部的管理能力就会迅速提升。班主任然后再大胆放手，班干部会获得更大的管理空间，良好班风在班干部的精心管理下会很快形成。

(3)建立正确的评价机制也是非常有必要的。佳木斯市第三中学为班级每个同学建立了成长档案和评价手册，评价是多方的，有师评、自评、互评、阶段总结，班主任可以对出现的不足和问题在下一学期做适当的调整。学生也会意识到自己的不足，进而自己为下一阶段树立新的目标。

4.营造良好学习氛围，促进学生“自主学习”

规范教室的环境布置、桌椅的摆放、墙面的布置及班级卫生状况是促进每位同学形成自律、他律习惯最有成效的自我管理方式。一个整洁、明亮、美观的教室环境能给学生创造一个良好的学习氛围，班级管理的目标是：为学生创造良好的学习环境，做幸福快乐之人，做健康向上之人，努力践行佳木斯市第三中学“为学生全面发展负责，为民族伟大复兴奠基”的办学理念。

(三)班级“自主”管理方法三　“铁三角”助力班级自主管理

走进佳木斯市第三中学的班级教室，你会看到思维碰撞的课堂讨论，看到安静有序的自主学习，看到充满青春激情的宣誓，看到精彩纷呈的学生讲解；来到操场上，你还会看到震撼人心的激情跑操和健美操……这是佳木斯市第三中学学生综合素养的精彩体现，这也是佳木斯市第三中学努力践行“三自”教育的最好体现。这一切，离不开班级自主管理团队的努力，自主管理机构在班级建设与发展中起着至关重要的作用。

学生自主管理是发展学生个性、培养学生特长、全面推进素质教育的需要，也是教育发展的必然趋势。著名教育家苏霍姆林斯基说：“只有能够激发学生去进行自我教育的教育，才是真正的教育。”对于一个班级来说，要想真正实现学生的自主管理，班主任要具备宏观意识，组建班级自主管理机构，打造好班级文化。那么，在班级管理中，班主任怎样才能促进学生进行自主管理呢？那就是构建“个人、团队、管理方式”三位一体的“铁三角”，为实现班级自主管理助力。

1. 个人层面——更新管理理念

(1)更新教育理念。班级要自主，理念要革新。佳木斯市第三中学提倡学生自主管理、自主发展，这与传统教育理念不同，老师与学生都需要革新理念。在平时的教育教学工作中，许多班主任对班级管理工作大包大揽、事必躬亲，每天陷于琐碎的班级管理工作中，不仅自己身心俱疲，学生也失去了锻炼的契机，致使学生缺乏主动性，自主管理能力没有得到提高。相关的案例比比皆是，这说明班级管理必须谋求新的出路。那么新出路在哪里呢？新出路就是学生的自主管理。

那么什么是学生自主管理呢？

第一，组建班级自主管理机构，也就是打造一个强有力的班干部团队；

第二，师生共同制定班级公约；

第三，各项活动由学生策划并实施，遇到困难集思广益共同解决，班主任予以必要的指导。

学生自主管理,可以把班主任从琐碎的事务性工作中解放出来,又给学生提供了锻炼成长的机会,提高了学生的综合素质,可谓两全其美。但是一些班主任老觉着不放心,不敢放手。班主任应该知道,对学生放心,就是对学生的信任;对学生放手,就是给自己减负,“懒惰”其实是一种班级管理的高境界。

(2)了解每个学生。为了了解学生的个体情况,在新生入学教育时,班主任可以设计一张新生登记表,由学生填写。表格内容不但要包括个人基本信息、家庭信息、兴趣爱好、对初中生活的规划,还要包括小学的班干部经历及进入中学以后自己希望担任的班级职务。这些信息能够帮助班主任全面了解学生。同时,在开学初的行为规范训练中,班主任观察每位同学的表现,对学生的性格、组织能力等有一定的了解和认识,为后续班级管理人选的确定打好提前量。

2. 团队层面——做好团队建设

(1)自主管理机构。要做好班级自主管理,必须打造一个有力的自主管理机构。一个班级要想良性运转,一定要有一个素质过硬的班干部团队;一个班级要想实现高度自主,没有一个爱班敬业的班干部团队是万万不行的。班级自主管理的程度,基本由班干部团队的水平决定。

班干部要依据学生的个人特长和兴趣进行分工。很多情况下,班干部并没有相应的经验,甚至于能力不足,这就需要班主任悉心指导,手把手训练。当部分班干部缺少经验,能力欠佳,工作很难让人满意时,班主任一定要冷静沉着,循循善诱,既高度肯定学生的付出与成绩，也委婉提出改进的意见与措施，这样既维护了班干部的威望，增强了其信心，又使他们明白了后面应该怎么做，怎么做才能做好。此外，班主任还要注意班干部不能兼职太多，尤其是核心工作岗位，不因为工作量大而影响学习。班主任也要注意保护班干部，呵护班干部身心健康成长，不要让班干部与其他学生对立起来。这样做，班干部才能会干工作，爱干工作，管理水平得以提升。

(2)自主学习小组。

①合理划分小组。研究表明，个体在5到6人的小团体里能较好地获得认同感和归属感。每班划分成7～8个小组，每组6人，这些小组(称为自主学习小组)作为班级的子单元参与班级管理。组建自主学习小组的目的是让学生学会合作，学会合理竞争。在组建小组时，班主任应当考虑全面，如遵循身高相当、男女比例适中、性格互补等原则，更重要的是达到各组实力尽量均衡。班主任可以将学生的语文、数学、英语成绩加起来总分蛇形排列，确定小组长，然后按性别、性格、身高等进行搭配、组合，争取排出来的各组实力相当。

②小组文化建设。小组建立好后，班主任可以着手进行小组文化建设。首先，小组成员开动脑筋，讨论出小组组名和口号，这旨在激励小组奋进。然后，班主任让小组成员制定小组目标，目标不能只围绕学习，还要涉及德育、体育、劳动等方面。同时每组建立微信群，供向组员发送家庭作业、传达各级通知等，便于组员立刻形成团队意识。

③小组成员分工。组长给组员明确分工。例如，1号为小组

长,是小组的领军人物,负责整组成员的调度;2 号负责组员的出勤、发言情况的统计;3 号负责各学科的作业收发;4 号负责小组成员的评估分登记,5 号负责小组内桌椅的摆放、仪表;6 号负责小组内成员的个人仪表和地面卫生监督等。

④班级自主管理评价与小组衔接。小组每日个人评价包含晨读、纪律、大课间、课间、用餐、卫生、课堂、作业完成、劳动等。班主任在小组组建之初,要细心观察,指导各组工作,发现问题及时指导,特别是常出问题的小组更要多关注一些,小组和谐的氛围能增强小组全体成员的凝聚力。班主任对小组长要经常进行有针对性的指导,对其领导力、任务分工能力等进行辅导,对组员则进行服从、配合、互助方面的教育。组内的每一个人都扮演好自己的角色,这样才能形成一支优秀的队伍。

(3)班级岗位细化到人。将班级的日常事务分摊到几十个岗位上,每个岗位设置分值,有些岗位可以由两三个人担任,这样就能在一定程度上形成“人人有事做、事事有人做、我为班级做贡献”的局面。如:多媒体管理(负责开、关仪器)、多媒体卫生(负责多媒体仪器桌子的清理)、擦走廊瓷砖(负责教室外的瓷砖清洁)、走廊文化墙布置、图书整理、班会黑板布置、植物浇水等。每周五,班主任对各岗位负责人进行评估,合格的加奖励分,不合格的扣除相应的分数。

开展班级自主管理,需要建立在班主任对学生充分了解的基础之上,同时班主任也要做好学生的指导工作,让学生用心工作,逐步提高管理能力和水平。能力是具备迁移功能的,班级管理能力会拓展到学生的学习层面,能使他们在学习中有层次、有逻辑、有针对性。在这样的班级管理模式下，更多的学生会参与到班级的自主管理中去，各项活动与任务化繁为简，最终都能被优质高效地完成。同时，“自主管理+自主学习”的有机结合，在班级营造了一个相互促进、自我推动的可喜局面。学生在小组中、在班级中找到了存在感，会更加积极地为小组、为班级不遗余力地做贡献，会大大增强学生的集体荣誉感。这样一来，学生与学生之间、老师与学生之间的关系就会更融洽，师生的幸福指数自然就会得到提升。在评价奖励中，班主任可以将家长的力量发挥出来，家校的关系越紧密，教师的工作也会越轻松。

3. 管理方式层面——体现自主性和人文关怀

班级制度建设是在学校制度框架下对学校制度的细化和落实，可视为学校制度引领下的班级公约，要体现自主性和人文关怀。全班同学共同制定班规班纪，并根据班级具体情况加以修改调整，这样更能唤醒其规则意识。比如某班的班级公约有一条“上课不趴桌子，不睡觉，如有违反，为全班同学唱一首歌或跳一支舞”，很有个性。各种规章制度的制定，对班级自主管理的良性运行意义重大：它提醒班干部该做什么，不该做什么；它是全班同学集体制定的，自然规范约束了全班同学的行为；它防止了班干部滥用职权、意气用事，同时也给普通学生提供了质疑与监督班干部的法理依据。

总之，“铁三角”助力学生自主管理，虽然看似是学生在台前活跃，是学生在展示，但班主任工作并未减少，班主任还需看准风向，掌舵护航。只有这样，好的班风才会形成，每名学生才能够展现自我并感受快乐与成功。

（四）班级“自主”管理方法四　小组合作，优化班级自主管理

苏霍姆林斯基说：“真正的教育是自我教育，是实现自我管理的前提和基础，自我管理则是高水平的自我教育的成就和标志。”小组合作管理班级，目标就是实现从班主任管理学生到学生自己约束自己，自己管理自己，让学生由“被管理者”变为“管理者”。可见，学生自己管理自己，才是真正的管理。根据“三自”教育的要求，佳木斯市第三中学在班级开展了“小组合作、自主管理、共同发展”的班级管理模式改革。通过这一改革，班主任从烦琐的事务性工作中抽离出来，学生真正成为管理和教育的主体。具体做法如下：

1. 小组的组建

分组的目的是让学生能够克服自制力差的缺点，自我管理、自我约束，并在此基础上形成合作与竞争的良好局面，使管理更加人性化。这就要求在分组的时候要有一定的科学性。首先通过学生自荐或同学推荐，再结合学生平时表现，班主任确定6名自主管理小组长，接下来按学习能力及其他综合能力，将全班同学排队，分为8组，按照组员与组长双向选择的原则建立起小组。这种形式的组合是很简单的，关键在于以后的培养。

小组成立后，班主任首先要让学生明确组建小组的目的是什么。每一个人都希望得到老师、家长的肯定与表扬，每一个人也都希望取得优异的成绩，但有的同学为什么迟迟没有成功呢？主要

就是自制力的问题，其实他们也想学，但往往管不住自己。正因为自制力差所以他们需要人来管，如果是老师来管他们，一个老师面对的是四五十个学生，不可能关注到每一个学生。当他们在课堂上控制不住自己想睡觉的时候，他们多么希望有人轻轻拍一下他们的肩膀，轻轻地说：“别睡了，打起精神来！”而不是老师的那一句：“某某同学站起来。”每一个同学都希望在他们犯错误前就有人出来阻止他们，而不是犯错误之后等待老师的批评，其实这个人就在他们身边，就是他们身边的组员、组长，而不是老师。所以佳木斯市第三中学才采用小组合作、自主管理的方式，目的是实现互帮互助，共同进步。同学们只有明白了小组组建的目的，才能去认可这个小组，维护这个小组。

2. 小组长的培养

真正好的组长不是选出来的，也不是天生的，而是培养出来的。平时我们往往把“选组长”这一简单问题复杂化了。对于组长的培养，班主任要有耐心和爱心，这是一个细致而又艰巨的任务。具体做法如下：

(1)做好小组长的思想工作。班主任要让小组长明确担任组长是对自己能力的一种培养与锻炼，只有这样才能使他们变得更加优秀，应该好好地把握这样的机会。班主任要充分调动他们的主动性和积极性，这是小组建设成败的关键。班主任可能都曾遇到过这样的问题，选出来的组长突然有一天说自己干不了，或是说自己不愿意干了。曾有一个这样的事例，XX 同学向班主任提出干不了，说别人都不听他的。班主任可以这样去开导他：“世界上可以说有两种人，一种是管理者，一种是被管理者，可人人都希望自己是管理者，但并不是每一个人都能胜任管理者的岗位，管理也是一种能力，既然是一种能力就需要去培养，去锻炼。难道你想失去这样的机会吗?”从此之后这位同学也有自信了，把自己的小组组织得很好。所以班主任一定要做好小组长的思想工作，让他知道当小组长是一次锻炼的机会，是他施展自己才能的舞台。这样他才能积极主动地去建设自己的小组，成为小组真正的主人。

(2)明确小组长应具有的最基本的素质：诚实、刚正、以身作则。

(3)明确小组长的职责：在以身作则的基础上，对组员的学习、行为、思想等进行监督、督促和指导；把一切问题消灭在萌芽状态，消灭在小组内部；在同学和老师之架起一座沟通的桥梁，起到上情下达、下情上报的作用。

(4)实行小组长负责制：小组长对本小组内出现的一切问题负责，出现问题必须第一时间通知老师，老师根据小组长在这一事件中发挥的作用，进行加减分处理。

(5)小组长的待遇：评优、入团优先考虑，全面负责安排组内座位，根据组员特点做好合理分工。

3. 小组的量化考核

小组的量化考核是小组合作、竞争机制有效运行的保证。

班主任首先召开班干部和小组长会议，让他们集思广益，从各自负责的不同方面制定量化细则，如卫生委员制定卫生方面的，学习委员制定学习方面的等，然后在班会上大家举手表决通过。学习要和其他方面并重,学习好的学生和学习不好的学生要兼顾,这样学习不好的学生才有可能在量化分数上超过学习好的学生,学习好的学生也才能有危机感。这更能激起学习成绩差一点的学生的积极性来,培养学生的健全人格。

4. 小组的奖惩措施

(1)周评比积分最后一名的小组组长,要在班会上做组情分析发言,查找落后的原因,力求改进。下次班会课前上交书面反馈材料,全组签字,达成一致,共同进步。

(2)每周末留下来打扫教室的任务也由得分最少的小组完成,学校或班级有活动需要做贡献的,也是由这一组派组员完成。

(3)如果连续两周得分都最少,则召开由该小组所有成员参加的座谈会,让他们把自己的表现与组长、班长、班主任一起分析,帮助他们找到解决问题的办法。如果还是没能改变现状,班主任则要考虑调整该组成员构成。

(4)某小组如果常规量化考核分在班级各组中排名第一,该小组的组长就在班会课上介绍成功的做法和经验,以此相互学习,共同提高。

5. 小组合作管理班级取得的成效

(1)学生团队意识、集体观念更强。

(2)利用小组开展活动灵活、方便。收发作业、缴纳费用、在课堂上开展小组讨论、一对一帮扶,这种形式非常有利于班主任的班级管理工作。

(3)学习问题的解决主要靠学习组长。给他人讲题,不仅是对学生表达能力、思维能力的培养,更是对其合作意识的培养,这有利于建立新型同学关系。老师的时间毕竟有限,因此要发挥班级学习成绩好的学生的优势,搞好传、帮、带,让助人为乐成为优秀学生的良好品质。

(4)班级事务抢先做。只要一布置任务,各个小组抢着做,因为学生受到了团队意识教育,加之做事就有加分,会使小组积分增加,不会被别的组赶超。这样在活动中,学生的自主管理能力、小组成员间的感情和小组的凝聚力都得到增强。

总之,学生小组合作进行的自主管理,有其独特的管理优势。因为学生最了解学生,来自学生的管理方法,更符合学生的特点,学生们愿意参与、配合管理。小组自主管理既培养了学生们的合作竞争意识,也提高了学生们的综合能力,使得班级管理更有效,也使得学生的各方面素质得到提高!

(五)班级“自主”管理方法五　自主管理,成功之花开盛夏

提起班主任工作,怎一个“忙”字了得。这种疲于奔命的保姆式班级管理模式,让班主任喊累,让学生叫苦。因为它过多地强调了班主任的主导地位,忽视了学生的主体意识,淡化了学生对班集体的责任感和义务感,扼制了学生的主动性和创造性。著名教育学家苏霍姆林斯基说过:“没有自我教育,就没有真正的教育。”对班级管理而言,“管”是为了“不管”。班主任要努力实现角色的转变,实现学生的自主管理,使学生自主教育的成功之花开在盛夏。下面就学生自主管理班级的做法进行列举:

1. 班级是我家，自主人人抓

班级就像一个大家庭，每一个学生就是这个家庭中不可缺少的一员，应该培养学生们的主人翁意识，爱班级，乐于为集体做事，同时注意培养班干部，让他们自觉、主动地管理班级。班干部岗位的设置应该是开放和变动的。班级还有一些经常性事务需要去做，如果采取值日的方法经常会出现漏岗、空岗现象，基于此，班主任要在班级设立专职专岗，专人负责专项事物，职务固定，任务明确，专人负责，这样可以避免漏岗、空岗现象出现。在特定的时期，班主任围绕学校班级重点工作或学校班级的重大活动，设立专职岗位，适当增减和临时调配人员，为了调动学生参与的积极性，可以组织学生集体讨论这些职务的设立，并在讨论后给这些岗位取很多形象生动的名字，如：“地主（专职地面的管理者）”“视长（负责电视的保管、开关、养护工作）”“御前侍卫（负责擦黑板，整理讲台、讲台桌）”“天棚元帅（负责管理天棚、灯管、钟表）”“太阳神（专职负责灯的开关）”“护花使者（专职负责花的工作）”等。班干部的增设也可以是某个同学的意见，如某个同学发现班级的废纸、矿泉水瓶等可以变废为宝，建议设立环保组长，班级应予以支持，并给予金点子奖励。有能力的主事，才能得以有效发挥，能力稍逊一筹的帮带，潜能得到培养和开发。这样，不仅每个学生都有事做，学生的集体荣誉感也能得以强化，达到学生管理学生的目的。

2. 抓习惯培养，促整体发展

一个具有良好班风班貌的班集体，一定具有凝聚力、吸引力，一定能给学生提供一个良好习惯养成的氛围。班主任要通过抓学习习惯与行为习惯的养成,使班级的班风班貌得到整体改进,每位学生都能把班集体的荣誉与自己的行为紧密结合,都想为集体争光。因此,学生不但成绩和学习习惯要好,而且能力也要得到发展。行为习惯上,三项竞赛是检验一个班级班风班貌的镜子,所以班主任力争规范学生日常行为,在勤学、纪律、卫生方面均做到规范。班主任要和全班同学一起制定班规,立下奖惩制度,并按制度执行。在有学生做得不够好的时候,班主任要用集体舆论的力量对其进行教育纠正。有了良好的行为习惯,学生受到科任老师的表扬就多了,集体的自信心也强了,因此,在学校组织的各种活动中,学生们都力争做到最好,不管参加什么活动、比赛,他们心里都有一个信念:我要为集体争光。学习习惯上,班主任应要求学生在课堂上“学会倾听”,尊重老师的劳动,尊重知识,遵守纪律。班主任还应要求学生放得开,收得住,上好每一节课;作业方面,要求学生按时认真完成。

3. 重情感交流,师生乐融融

没有交流,就没有教育。老师要走近学生,和每一个学生成为朋友,让学生尊重老师,喜欢老师,理解老师。班主任要抓住一切可以利用的时机与学生沟通,如:注重利用课间时间和学生一起游戏、谈笑;利用午饭的时间和学生一起沟通思想,了解情况……这样,班主任能与学生共同感受学习的过程,共同分享学习的快乐,共同感受师生的情谊,共同分享成功的喜悦。

4. 栽下“亲情树”，亲情促进步

针对班级的实际情况，班主任可以尝试开展以“我和青苹果一起成长”为主题的“亲情树”活动，形成一套新型立体的评价体系。布置教室时，班主任和学生一起用彩色纸做一棵“亲情树”，贴在教室的墙面上，每一个苹果就代表一个同学。动员大会上，班主任让学生认真地将自己的名字写在苹果上，并让他们把自己的名字贴在“亲情树”上，仿佛种下了一个小小的希望。平时，班主任可以根据学生各方面的表现（纪律、作业、卫生、发言、特长……）发给他们“星星”，每得到十颗“星星”，就可以到老师那儿兑换一个“快乐果”，挂在“亲情树”上。学生们都希望自己能在班级这棵“亲情树”上结出更多的果实，快快长大成熟起来，于是就会更加努力了。班主任还可以让学生们自己动手制作一些“快乐果”，并在上面写上自己的缺点和对自己的希望，这些写满缺点的特殊的“快乐果”暂时由班主任替学生们保管，只要学生们改掉了“快乐果”上面所写的缺点，就可以取回自己的“快乐果”，贴在“亲情树”上。因为“亲情树”强调学生自己和自己做纵向比较，不仅那些学习成绩优异的学生有“快乐果”，每个有进步、有发展的学生也都有属于自己的“快乐果”，都拥有属于自己的那份成长的喜悦。这样，每一位学生的闪光点在树上闪烁，每一位学生都能体验到成功，增强自信。到“亲情树”上面去挂“快乐果”这一活动，使学生对自己永远充满期望，能促使他们不断矫正自己的行为，为自己确定新的目标，激励自己不断努力。

教育不是浪漫的诗篇，而是真实的生活。教育者要教会学生

随时准备直面生活。2020 年突如其来的新冠肺炎疫情使教学方式突然改为线上教学，很多学生不具备自主管理能力，成绩下滑明显。只有那些能够自主、自律和自励的学生，才能具有主动性、积极性、创造性，才能体验自主的成功，进而让成功之花开满盛夏。

二、自主之教学

自主，在教学活动中主要是指自主学习。自主学习是指在相同教学条件下学生的高品质学习。所有有助于促进学生发展的学习，都一定是自主学习。自主学习的特征包括学生在学习过程中积极掌握各种思考策略和学习策略，在解决问题中学习。教师在教学过程中要帮助学生寻找、收集和利用学习资源，帮助学生设计恰当的学习活动，目的是让学生达到建立在掌握一定的学习策略基础上的“会学”。

在初中阶段，教师培养学生的自主学习能力，不仅能够实现学生学习能力的提升，还能够使学生的综合能力得到有效的锻炼。所以在课堂教学过程中，教师要注重培养学生自主学习的意识，促使学生在教学活动中去自主探索、思考，以达到最佳的教学效果。伴随着时代的发展及素质教育的推进，我们正经历着学习方式的变革，“三自”教育中的“自主”就是结合教学实际，全面推动学生自主学习的理念。

（一）英语教学

佳木斯市第三中学英语学科团队，拓展教学模式，优化教学结构,推动了自主理念在英语教学中的应用,教授学生学习的方法,提升学生自主学习的能力,进而使其增强自信心,为以后的学习打下良好的基础。

1.推进启发式教学,提升自主学习能力

(1)打牢学习基础 ,解决“懂”的问题。首先,注重课堂教学,打牢基础。教师根据学情,将实物带进课堂,激发学生学习兴趣,用课件导入课程,让学生参与情景之中,愉快地学习,并且记住课程的知识点。其次,加强课后复习,巩固提高。教师每天留的作业要贯穿课堂讲授的知识点,教会学生记忆的方法,单词、语法、知识点相结合,使其掌握当天所学的内容。最后,进行阶段性总结,融会贯通。教师要求学生每天不断总结,这样既能达到巩固复习的目的,又能达到学以致用的效果。

(2)掌握学习方法,解决“会”的问题。首先,梳理“背记”方法。教师将音标、单词、词汇、句型、搭配等分门别类进行梳理,培养学生养成习惯,如每天把不会的单词、句子或考试做错的题记下来,整理成册,每次复习时就先复习其中的知识点。这样,学生自己就会主动学习。其次,总结“特殊”用法。特殊知识特殊记,学生掌握了普遍和特殊的用法,就能自己进行识别,防止混淆。最后,梳理“重、难点”学法。教师平时通过测试、上课提问、检查作业等了解学生对重难点的掌握情况,帮助其进行知识点梳理,教会学生自己分析整理易错点,做到有针对性的学习巩固,这样既能节省时间,又能达到学会的目标。

(3)开阔学习思路,解决“学”的问题。首先,教师要布置适当的预习作业。教师安排预习作业时要对词汇、语法、句型乃至课文理解要达到的目标提出具体的要求。教师课前对预习情况进行检查,及时发现学生预习中遇到的问题。久而久之,学生会在预习中进行自我指导实践,进而养成为达到某种预定目标而自主学习的习惯。其次,梳理复习的重点。每个学生理解能力是不同的,教师要帮助学生把知识重点整理出来。每节课、每个单元、每个学期,不同时期教师要带领学生找出不同阶段的学习重点,让学生逐步形成自己总结学习重点、消化理解、提高成绩的习惯。

2. 采用引导式教学,进一步强化自主学习意识

(1)制订好学习计划。学生根据自己的实际情况,制订自己的学习计划。比如,有的同学早上背记单词、句型,记忆深刻;有的同学晚上背诵英语内容,掌握得扎实。学生制订自己每天、每周、每月的学习计划,教师进行审核和督促,家长进行监督。

(2)整理好课堂笔记。课堂上教师适当留给学生一定的自习时间,让学生对所学的东西进行反思和消化吸收,将已有的知识进行综合、组织、提炼,安静地思考并写下重点,争取让学生在本节课学有所得且能够灵活运用。教师每周检查课堂笔记,这样既能起到督促作用,又能发现问题以便及时点拨。

(3)抓好小组互助学习。在小组合作学习中,小组成员可以一起合作预习新课、背诵知识点、表演对话、归纳知识点、完成作业等,也可进行组间竞赛,调动学习积极性。

3. 突出鼓励式教学,进一步激发自主学习兴趣

转变教学中心,通过教师教的实践达到学生学的目的。确立为学而教的指导思想，教师要将培养学生自主学习能力当作自己教学的目标，通过兴趣让学生思考、观察、探索，并引导学生积极主动地参与到教学中来，从而达到让学生自主学习的目的，更好地完成教学任务。

(1)确定学习目标。教师指导学生根据自身实际情况每天制定小目标，记几个单词，几个句型。班级每个同学的学习任务都不同，让学生为自己打分，体会每天都有进步的心情，防止出现反正不会就厌学的心理。

(2)融入日常生活。教师搜集一些英语电影中的小片段、小视频，让学生练习用英语编写简短的对话，进而掌握基本生活用语。英语学习不能脱离生活，学生每天用英语进行简单的对话，并逐渐增加难度，自己创设语言环境。

(3)开展实践活动。学校或班级可以开展不同类型的比赛，如朗读比赛、书写比赛、讲故事、戏剧表演、每日汇报、唱英文歌曲等，鼓励学生通过多种形式接触英语，听英语新闻，看英语电影，从中得到乐趣，并鼓励学生互相帮助、共同进取。

培养学生的自主学习能力，并不是一朝一夕的事，这是一个不断积累不断改进的过程。佳木斯市第三中学英语学科团队的教师们自身也在一直不断地学习，以便更好地引导学生养成自主学习的习惯，为他们的终身学习打下良好的基础。

(二)物理教学

“物理难学”是不少学生的共识，这与物理学科的特点有关，同时也与学生缺乏一定的自主学习能力有关。佳木斯市第三中学物理学科团队的教师们在学校“三自”教育的引领下，依据《义务教育物理课程标准》的目标与要求，结合初中生的认知水平和中学物理教材的知识结构特点，寻找出了培养学生物理自主学习能力的途径和方法。

1. 引发学习动机，学生建立自主学习意识

自主学习是一种基于问题的学习，有感染力的真实问题的创设能促使学生自我探索。在物理教学过程中，教师通过趣味实验等方式来创设问题情境，引导学生基于问题学习。兴趣是学习的内在动力，是思维的源泉，从生活中的现象引出物理问题，能更好地激发学生的学习兴趣，这也符合《义务教育物理课程标准》从生活走向物理这一理念，更有益于培养学生自主学习的意识，对于调动学生学习的积极性，提高学习效果具有事半功倍的作用，因此在物理教学中教师应将培养学生的物理学习兴趣作为首要任务。物理教学中教师可设计新奇的实验课，锻炼培养学生的自主学习能力。

例如学习“摩擦力”时，教师可以这样引入新课：

教师播放学生试着抓住泥鳅的视频片段，随后让学生谈为什么不好抓，学生可能会说出“因为滑不好抓”“摩擦小不好抓”等，甚至可能会说出“摩擦力小”等词语，那什么是摩擦力呢？教师顺势引出本节课的主题——摩擦力。

教学实录：

播放学生试着抓住泥鳅的视频。

师：大家从视频里看到了什么现象？

生:泥鳅很难被抓到。

师:那请同学们思考一下为什么很难抓到泥鳅呢?

生1:泥鳅的表面太光滑了。

生2:泥鳅游得太快了。

生3:泥鳅和手之间的摩擦力太小。

师:同学们非常聪明,视频中的泥鳅之所以难抓就是由于泥鳅表面较光滑,泥鳅和手之间的摩擦力较小,从而很难被抓到。今天我们就一起来学习一下有关摩擦力的知识。

创设这一情境的目的在于通过观察、体会,引起学生关注,培养学生主人翁意识,激发学生探究动机,实现自我探索。

2. 增强合作学习的意识,促使学生自主学习

物理学科是以实验为基础的自然学科,合理科学的实验探究方法及交流汇报,有利于培养学生自主学习的能力,所以教师要让学生在自主合作中探究,培养学生操作实验、设计实验的实践能力和创造能力,让学生能在科学探究活动的过程中学会与人沟通交流。在教学过程中,教师要通过科学规范的实验探究方法引导学生进行各种实践探究活动,使学生实现自主学习。当然,探究过程中教师的指导也是非常重要的。教师在帮助学生设计实验方案过程中要引导学生进行交流,引导学生对教学情境进行阅读、体会、分析和讨论,从中挖掘出蕴含的主要矛盾,科学合理地确定研究对象,从而明确待探究的问题。课堂中教师应多应用小组合作学习的方法开展互动教学,营造合作探究创新氛围,促使学生自主学习。

如教学片段“压强”的实验探究设计：

“压强”这一教学片段主要探究压力的作用效果受什么因素影响。教师可以在课前铺垫后引导学生自学本部分内容，然后让学生利用家中现有的物品，进行一些简单的物理实验并录制小视频，同时对其实验过程进行讲解。教师挑选优秀视频，作为新课的微课资源，供全班同学学习。上课时，学生会特别期待，是哪位同学的优秀视频被老师录用，这位同学讲得怎么样？他的实验还有什么需要改进的等，这样不仅增加了师生间、生生间的交流，也增强了学生对知识的理解。

3. 迁移知识应用，以成功和责任促成学生自主学习

“自主学习”可以规范、约束学生的学习行为，促使学生要求自己不断进取、持之以恒，表现得更加主动和积极。

在教学过程中，为了进一步培养学生的学习兴趣，进而培育学生的成就感，教师可以采取多种方式促使学生把科学知识和实际生活联系在一起，通过反复的观察和实验激发学生积极主动参与的兴趣，从而提升学生观察特点、发现问题、动手动脑解决问题的能力。

例如：在讲解“家庭电路”的知识时，为了让学生对电路有更清楚的认识，教师课前可以安排学生到商场和自己家里查阅各种家用电器的参数及使用说明，随后在课堂上进行交流汇报，这样一方面体现了“由生活走向物理，由物理走向社会”的教育理念，另一方面也能让学生在调查的过程中，学会自主学习。

再如学习“凸透镜成像”之后，为了进一步培养学生的动手能力和自学能力,巩固课堂上所学的知识,教师可以组织学生利用课余时间制作简易望远镜;在学习“光的直线传播”时,教师可组织学生课后制作小孔成像相机等。

此外,教师还可组织学生开展一系列的竞赛活动,如学习“流体压强和流速的关系”的知识后进行制作风筝比赛、气压知识应用交流会等,学校可组织成立科技活动小组,定期开展科技活动,通过这些灵活多样的课外活动来提升学生的动手操作能力,拓展教学形式,激发学生爱科学、学科学、用科学的兴趣,进一步培养学生自主学习能力,培育学生的成就感和责任心。

总之,“三自”教育理念下的物理课堂,应是以学生的发展为中心的课堂,应该让学生在主动求知、主动探究中养成自主学习的良好习惯,进而为学生的终身发展奠定坚实的基础。

(三)思想政治教育

对于学生来说,思想政治这一学科与别的学科相比,知识复杂,包罗万象,而且变动性很强。目前初中《道德与法治》课程内容减少了很多抽象的理论知识,教师在教学中须更加注重培养学生的自主学习意识,让学生在学习的过程中形成正确的人生观、价值观。

对于初中生来说,入学初期学习《道德与法治》课的主动性普遍不高,他们自学能力较弱,对老师的依赖性很强,不善于独立思考和分析。佳木斯市第三中学思想政治学科的教师们针对学生的这一问题,采取措施,在培养学生自主学习兴趣的同时,教会学生自主学习的方法,进而提高学生自主学习的能力。

1. 激发学生自主学习的兴趣

以往的思想政治课教学，过分注重“灌输式”教学方法和被动的“接受式”学习方法，从而使学生丧失了自主学习并获得发展的机会。教师要把学习的“舞台”即课堂还给学生，通过学生自主性、合作性与探究性的学习促进其自身主动全面发展。兴趣是最好的老师，教师必须千方百计激发学生自主学习的兴趣，变“要我学”为“我要学”。因此，教师要不断让学生在自主学习情境中循序渐进地完成学习任务，达成学习目标；让学生充分地体验成功的快乐，增强学习信心；通过多样的课堂模式、灵活的教学形式、多变的教学方法、多彩的课外活动和恰当的激励机制，活跃课堂气氛、开阔学生思路，不断诱发他们的学习动机和新的学习需要。

2. 教会学生自主学习的方法

(1)教会学生自主阅读。在学习新课之前，教师可以把课程的重点知识以题目的形式发给学生，请学生结合题目从教材中找答案，学生在有意寻找的过程中对教材的知识点会有初步的了解。在讲解理论、观点时，教师可以让学生自主圈划关键词、句，加深理解。在学生阅读的过程中，教师要适时点拨，提示学生要看什么、读什么，不要忽略教材的知识脉络与框架。

(2)教会学生提问。在学习的过程中，学生如果能提出问题来，说明他真正地思考了、探究了，这是真正的自主学习。那怎样能让学生提出问题来呢？教师对于某些结构清晰、内容不是很复杂的问题，可以大胆地放手，让学生自己准备问题，体验一下做教师的感觉。教师也可以结合国内及国际时事,教会学生抓住有价值的内容,鼓励学生发现问题、提出问题。

(3)教会学生讨论。小组讨论学习是教师教学中常用的一种教学方法,这种方法如果运用得好,能有效地提高学生的自主学习能力。在课堂教学中,教师找出学生感兴趣的问题,结合教材重难点内容进行讨论,学生发表观点和看法,教师将这些观点和看法归纳分类,由学生进行民主讨论,经过讨论,学生对问题有了正确的判断,价值取向明确,这有利于帮助学生认识问题、相互学习、主动学习。在讨论中,教师要指导学生不要偏离问题、不要语言暴力,要灵活运用观点与理论。教师一定要注意提升合作讨论的有效性,不要为讨论而讨论,让讨论流于形式。

3. 将课程回归生活

思想政治课程中有许多理论十分贴近我们的生活,教师可以不直接告诉学生教材中的知识点,而是让学生课下以小组为单位查阅资料及实地考察,待其掌握相关知识以后再在课堂上进行展示。这种做法会很好地激发学生的学习兴趣和自信心。比如,七年级学习的友谊、亲子关系、师生关系、生命态度、未成年人保护,八年级学习的我们的权利与义务等,在整个学习过程中,教师放手让学生自主学习,让学生真正参与到学习中去,充分发挥主动性,自己获取知识,最后教师对学生的表现和所讲解的内容做评价、补充和总结,如此一来,学生会对本次课堂内容印象深刻,知识在无形中会得到巩固。不同于填鸭式教学,这样的教学设计真正体现了学生的主体地位,教师只起到主导作用。学生在这个过程中不仅获得了知识,还培养了自主学习能力及参与社会生活的能力。这会促使他们以更加饱满的热情投入学习和生活中去。

佳木斯市第三中学思想政治学科全体教师积极采用科学有效的教学方法及教学手段,创设和谐民主的教学氛围,充分激发学生的学习兴趣,调动学生的学习积极性,并且充分突出学生的主体地位,促使学生能够感受到学习政治知识的乐趣,从而积极主动地参与到政治学习当中。

(四)生物教学

《义务教育生物课程标准》提出:倡导探究性学习,力图改变学生的学习方式,引导学生主动参与,乐于探究、勤于动手,逐步培养学生收集和处理科学信息能力、获取新知识的能力、分析和解决问题的能力,以及交流与合作的能力等,突出创新精神和实践能力的培养。佳木斯市第三中学生物学科全体教师改变传统教学模式,探究新的学习方法,拓宽学生的学习空间,把课内知识拓展到课外,在教学中培养学生的自主学习能力。

1.转变教学观念

随着新课程改革的深入,培养学生的自主学习能力越来越受重视,新课标提出:学生是学习的主体,教师是学习的组织者、引导者与合作者。由此可见,传统的那种"重教轻学"灌输式的教学模式已不再适应新课程改革的潮流,应该将学生的主体地位突出,老师要与学生平等交流互动,注重学生创造能力的培养,充分调动学生学习的兴趣和积极性,使学生会学习,爱学习,从而培养学生的自主学习能力。

2. 学习兴趣的培养

生物是学生在初中才开始接触的学科，有些学生面对这个陌生的和所谓的副科，有时可能有为了应试而不得不学的心理，学生带着这样的情绪学习，是不会有好的效果的，因此老师需要引导学生发现生物学科的魅力，从而激发学生对该学科的学习兴趣。生物是一门比较贴近生活的学科，那么教师可以联系生活实际进行教学。此外，激发学生学习兴趣的方法还有很多，比如，教师还可以利用多媒体教学等多元化的教学方式，巧妙地设计引言将学生带入学习情境。教师要从学生的角度出发，激发其对生物学科的学习兴趣，学生的学习兴趣一旦被激发，学习潜能也容易被挖掘，学生从而会更加积极主动地去学习生物知识。

3. 自主预习习惯的培养

学习只靠兴趣也是远远不够的。学生一旦发现难以解决的问题时，有可能会产生挫败感，进而减弱学习兴趣，因此培养学生好的学习习惯尤为重要。在好的学习习惯培养过程中，预习看似可有可无，但它在学生学习知识过程中起着事半功倍的作用。学校一直倡导教师用“先学后教”的方式来进行教学，老师在讲授新课之前，先让学生进行预习，在预习过程中，对于一些容易理解的知识点，学生通过自学便可以掌握，那么在老师讲授新课时学生会更加专注地听讲预习过程中自己难以理解的知识点。事实证明：预习在学习过程中看似只是多了一个小步骤，但却实现了由“被动”

到“主动”的突破，这样既利于教师在课堂上细致地讲解及实现重难点知识的突破，又利于加强学生在课堂上对知识的领悟，从而使学习效率与教学质量均得到提高。

4. 自主学习方法的培养

实验是生物这门自然学科的基础，教师应多鼓励学生运用科学探究的方法通过实验来验证现有的结论，培养学生的动手实践能力，保护学生的好奇心、求知欲与探索精神。同时，生物也是一门重视学生探索能力与概括总结能力的科目，那么在日常教学中，教师可以运用类比、举例、归纳等方法来让学生领悟知识之间的内在联系，形成完整的知识体系，注重学生学习思维及逻辑的培养。比如：在学习“生态系统”与“生物圈”的定义时，两者都是由生物和环境两大部分组成，那么它们之间存在怎样的联系呢？这时老师可以举出一些生活中常见的生态系统的例子，让学生认识到生态系统有大有小，而生物圈是指地球上所有生物与其生活环境的总和，学生就能够自然而然地得出生物圈是最大的生态系统的结论。教师交给学生学习的方法，使其能够举一反三，应用到其他知识的学习中，经过长期的培养，学生能够形成好的学习习惯，极大地调动学习积极性，进而培养自主学习的能力。

5. 运用鼓励性语言提升学生自主学习的信心

肯定及赞美对于每个人来说都是容易被接受的，初中生的思想正处于比较敏感的时期，因此鼓励性评价对于其自信心的培养也是十分重要的。所以，教师面对多元化的学生要多观察，多留意，善于发现学生的闪光点，抓住机会多鼓励、勤表扬，也许教师一句不经意的表扬就能树立学生的自信心，激发出学生学习的潜能。此外，为学生的自主学习营造和谐的课堂氛围也很重要，教师不能高高在上，要与学生平等地交流沟通，俗话说：“亲其师信其道”，教育心理学家罗杰斯指出：真诚、尊重和移情性理解是和谐人际关系的三大要素。与学生交往是一门学问，也是一门艺术，学会与学生交朋友，让学生愿意与教师沟通，教师才能更加深入地了解学生。

佳木斯市第三中学生物学科的教师们在教学中依据生物学科的特点，结合初中生心理，激发学生的学习兴趣，培养其生物学习思维，营造和谐、民主的课堂氛围并多方位地对学生进行激励性评价，增强学生的自信，促进了学生自主学习能力的不断发展。

（五）语文教学

培养学生的自主学习能力是每位教师的职责，语文教师也如此。语文教师要在阅读教学中培养学生语文自主学习的能力，让学生学会运用多种阅读方法发展个性，丰富自己的精神世界。那么，如何在阅读教学中培养学生的自主学习能力呢？

1. 激发语文自主学习的热情

自主学习的热情是使学生的自学成为能动和自觉的行为的有效力量。自学热情虽直接来自学生自身，但它不是生来就有的，它需要教师的培养和激发。提高学生对自学的重要性和必要性的认识，引发他们的学习动机，这也是语文教师激发学生自学热情的重要环节。

2. 重视语文教学过程

语文自主学习的能力主要是通过日常的语文教学活动来培养和锻炼的。语文自学能力的训练过程与语文课堂教学的过程要同步。语文课堂教学过程要广泛深入地进行创新,使其有利于学生自学能力的形成。重视语文教学过程,培养语文自学能力,在语文学科教学中,主要从以下两方面着手:

(1)优化教学目标。首先是自主学习的理解表达阶段,其次是自主学习的鉴赏创新阶段,最后是自主学习的自由发展阶段,优化这三个阶段的不同目标。

(2)优化课堂程序。以学生为“主体”,以教师为“主导”,是语文教学过程的基本思想,也是优化课堂教学程序、进行自学能力培养的重要原则。如课堂教学六步法:定向、自学、讨论、答疑、自测、自结,或是阅读六步自读法:认读、辨体、审题、发问、质疑、评析。这些都可以培养学生的自主学习能力。

3. 充分认识学生的主体地位,潜移默化地进行点拨

教师在阅读教学中培养学生的自主学习能力,充分发挥学生的主体作用。教师侧重在学生已有的知识基础上引导他们独立思考,主动求知,敢想敢说,使其有所发现,有所创造,主动获取相关知识,提高语文学习技能。具体做法如下:

(1)联系上下文理解词语。如教师在执教《应有格物致知精神》一文时联系上下文使学生理解格物致知的目的,体会课文中格物、致知在表情达意方面的作用，能借助字典、词典和生活积累，理解其真正的含义。其实，课文中意思并不深奥的词句，很多答案就在文中，有些学生却领会不到。这时，教师应用以读点拨法，引导学生反复诵读，求得其解。

(2)对于结构相似的句、段、章，教师可采用点拨法，即只要把开头的句、段、章精讲，引导学生掌握方法，其余的句、段、章让学生通过自读理解。

(3)有过渡句或过渡段的课文，教师可以引导学生联系上下文阅读理解，使学生很快明白，过渡句或过渡段既是对上文的总结概括，又是对下文的引领。

(4)有的课文配有插图，图文并茂，例如《苏州园林》，教师可以利用插图很好地激发学生的情感，把抽象的文字具体化，为学生学习课文服好务。

4. 激发学生的学习兴趣，引导学生学会探究

培养学生的自主学习能力，教师要引导学生积极参加听说读写的实践，重视在实践中学习语言，理解语言，运用语言，使学生逐步养成自主学习的好习惯。

5. 指点自主学习的方法

(1)阅读方法的指点。如运用诵读法、抄读法、评点法、标点法、标画法、钩玄提要法、序目阅读法、精读法、跳读法、比读法。教师帮助学生建立起一种适合他们自己个性特点的基本阅读方法，同时启发学生能针对不同的阅读内容和阅读要求，灵活运用不同的阅读方法。

(2)随时积累的指点。教师指导学生随时积累,让学生有意识地充分利用渗透在社会生活中的语文因素来提高自己的语文阅读能力。积累的途径主要有记读书笔记、编纲制表、写读书感悟等。如:在讲名著导读《红星照耀中国》时,教师可要求学生对内容积累全面,要包含:书名、作者、阅读时间、内容要点及阅读感悟等。

(3)资料检索的指点。教师要教给学生利用各种工具书和文献资料进行检索的方法。教师按照各个年级的教学要求,逐步培养学生的自学习惯,着重培养学生读书看报的习惯。教师在课堂教学中有意识地把自学的方法教给学生,要求学生每天按时读书,并在周五的汇报会上汇报一周的读书收获。这样既能激发学生读书的兴趣,又能培养学生的读书习惯,使学生在汇报中有所收获,进而对阅读产生浓厚的兴趣。

语文自主学习能力是一般自学能力的特殊体现,是学生在已有语文知识和技能的基础上,自觉地、独立地、正确地运用一定的学习方法,获得新的语文知识并用于理解、表达乃至修身养性的能力。因此语文教师要重视培养学生的这种能力。总之,通过阅读培养学生的自主学习能力不是一蹴而就的,教师只有充分发挥学生的学习自主性,引导学生自读自悟,培养学生善于阅读的能力,才能把阅读教学真正指向学生的发展,为学生的终身阅读、终身学习服务,让学生在阅读中享受快乐。

(六)信息技术教学

21 世纪是一个知识爆炸的信息时代,以网络化、信息化、数字化为代表的现代信息技术，正在悄悄地改变着人们的传统生活、学习和工作方式，也影响着现代教育，给学生的学习方式带来了巨大变革，使终身学习成为社会发展的必然趋势，自主学习已经成为人们生存所必需的能力。由此可见，教师在课堂教学中培养学生的自主性显得尤为重要和必要。

信息技术学科的特殊性为学生创设了一个自主学习的平台，并为学生更好地适应信息化社会奠定了基础。那么，在佳木斯市第三中学的信息技术课堂中，信息技术学科的全体教师是如何培养学生自主能力，提高学生的学习效率的呢？

1. 创设问题情境，培养学生自主学习能力

知识的获得一般是在解决问题时实现的。教师在课堂中创设良好的问题情境，能诱发学生的好奇心和求知欲，点燃思维的火花。教师在教学设计中应精心创设问题情境，让学生自己发现问题，提出问题，寻求问题的解决方案，从而培养学生的自主学习能力。

在课堂教学中，学生发现问题后，教师先不要急于讲解，要让学生讨论分析问题，提出完成任务需要做哪些事情，在提出的问题中，有些是以前学过的，这些问题由学生自己给出解决方案；另一些是没有学习过的，即隐含在任务中的新知识点，这正是这个任务所要解决的问题。学生在教师的引导下，经过积极思考把问题提出来，这时老师再将新知识介绍给学生，学生就会自然而然建立起对新知识的认识。

然后，师生共同讨论完成任务。教师将任务分解成多个小任务,制定出具体的操作步骤,找到解决问题的途径,在此过程中,教师不要直接告诉学生应当如何去解决面临的问题,而是给学生提供解决问题的线索,比如从哪里获取相关资料、寻找相关帮助及解决问题的大体思路。让学生在发现问题、提出问题、解决问题的过程中去学习,他们学到的不仅仅是新知识,还有运用所学的知识处理信息的能力,更重要的是他们从中学到了解决问题的方法。

例如:在学习“网上搜索”时,教师让学生搜索一些地区的风景名胜,并制定一个旅行方案。在此过程中,有的同学可能会遇到困难,这时教师可采用小组合作的方法,让学生分组一起讨论解决这些问题,经过思考、讨论、交流,制定方案,如果有的问题学生实在解决不了,教师再进行指导,这样问题就会迎刃而解,学生学会了处理此类问题的方法,以后可以用此种方法解决相关的问题。

2. 任务驱动的教学策略,激发学生自主学习的兴趣

“任务驱动”是在学习的过程中,学生在教师的帮助下,紧紧围绕一个共同的任务活动中心,在强烈的问题动机的驱动下,通过对学习资源的积极主动应用,进行探索和协作的学习,并在完成任务的同时,引导学生进行一种学习实践活动。此种方法是一种建立在建构主义教学理论基础上的教学法。

例如:在学习校本教材 flash 中的“引导层运动”一课时,教师可根据学生的年龄特点,设计几个具有故事情节的简单的小任务,如为小蝌蚪设计路线,让它们找到自己的妈妈;为小刺猬设计路线,让它将采下的果子送回家等,这样学生就会在这一连串的“任务”驱动下饶有兴致地展开学习活动,循序渐进地完成一系列“任务”，能力在不知不觉中就会得到锻炼，学到知识，并且能够培养学生分析问题、解决问题及处理信息的能力。在完成任务的过程中，学生还会有成就感，这样能更大地激发他们的求知欲望，逐步形成一个良性循环，从而使学生培养独立探索、勇于开拓进取的自主学习能力。

3. 营造自主学习氛围，提高学生自主参与意识

新课程理念指出，在教学中学生是课堂的主人，教师不再是教学的主宰者，而是学习的指导者。所以在自主学习模式下，教师不仅要有丰富的专业知识，掌握计算机网络技术和课件制作技巧，而且对课堂中可能会出现的情况要有一定的预见性，也必须对教学信息资源进行精心设计、策划，要树立正确的学生观，调整好与学生间的关系，把自己变成“一位顾问”“一位交换意见的参与者”，努力改变学生的学习方式，变接受型的被动学习为探索型、发现型的主动学习。

在教学中，每个学生都有自己的个性和特长，让他们发挥自己所长，做到全面照顾，教师还要因材施教，分层次教学。在学习目标的设置上，教师要根据不同学生的特点，设置不同程度的目标，确保让学得快的学生“吃饱”，中等生“吃好”，学得慢的学生“吃到”。

如在教授“美化 Windows 桌面”时，教师可以设计不同难度的任务。简单的任务如让学生设置桌面背景、屏幕保护程序，中等难度的如将自己喜欢的图片、照片，利用图像处理软件处理后设置为桌面背景，难度较大的如上网下载屏幕保护程序，并进行设置。任

务从简单到复杂，从基础到扩展，始终从学生的角度出发，由易到难，由慢到快，循序渐进，可激发学生的学习兴趣。

4. 搭设自我展示平台，让学生体验自主学习的快乐

心理学的研究表明，学生在学习过程中成功或失败会在他们的心理上产生不同的情绪体验。这种成功或失败的情绪体验，常常会形成一种循环效应。因此，教师在教学过程中要让学生体验更多的成功，让更多的成功带来兴趣，让"成功－兴趣－成功"成为一条规律。

在教学过程中，教师应要求学生在课堂上积极参与，这样能提高学生的注意力。在学生完成任务后，教师可以将学生的作品进行展示，这样，既能让被展示的同学体会到成功的快乐，又能激发起其他同学的学习热情。

如在 Word 中讲板报设计时，教师可以让学生运用已学知识来设计一份以"介绍自己的家乡"为主题的板报，学生完成作品后，展示自己的作品，并进行自评、互评，再让其他学生说出展示作品的优点和不足之处，赞扬学生的劳动成果，这样学生就会体验到成功的喜悦，更加会激发学生的学习兴趣，显然，学习效果会很好。

5. 放眼课外拓展，养成自主学习的习惯

信息技术课程在教学上有其特殊性，具有实践性和可操作性。课堂上，学生学会了学习，掌握了基本的学习方法，能综合运用各种学习方法进行分析、理解和实践，在课外还要能运用所学的知识进行信息的获取、处理，放眼课外知识的延续，并举一反三，实现知识能力的迁移，养成自主学习的习惯，为终身学习奠定基础。

例如：学生在学习了“网上搜索”后，就能自主地熟练运用IE浏览器去网上搜索一些相关的学习资料。教师利用网络让学生学会查找出行的路线，查询、购买车票，设计出行计划等，让学生将课堂所学的知识与自己的生活实际相联系，学会主动去学习。

总之，依据佳木斯市第三中学“三自”教育的理念，信息技术课堂上教师把学习的主动权交给学生，激发他们学习的兴趣和求知的欲望，通过学生自己的积极思考、主动探索和实践活动，培养其信息素养，让学生具有良好的自主能力。信息技术学科是一门新兴的学科，我们还需不断地努力探索，让其真正成为学生自主学习的平台。

著名教育学家陶行知先生说过：“与其把学生当天津鸭儿填入一些零碎知识，不如给他们几把钥匙，使他们可以自动去开发文化的金库和宇宙之宝藏。”佳木斯市第三中学各学科教师在教学中有意识地培养学生的自主学习能力，使学生真正从学习中获得了知识，获得了乐趣，在自励的基础上发掘自身潜力，发现自我价值，进而做到自主学习。

第三节　强化“自律”在教育教学中的约束作用

在“三自”教育中，“自律”是学生实现目标的基础和关键，是学生增长才干的前提和保证。自律是自主的前提，是一种不可或缺的人格力量，真正的自律是一种自省，一种素质，一种觉悟。学生作为个体，在学校和班级建设中，只有拥有规则意识，自觉遵守班级和学校的规章制度，才能为学校和班级做出应有的贡献。

一、自律之德育

真正的教育是什么？教育家罗伯特·哈钦斯在《学习社会》（*The learning society*）一书中指出，教育的根本价值应是人的自身完善，即"贤、乐、善"，教育的根本目的就是实现人生真正价值的转换，由此可见，真正的教育是自律。教育需要自律，自律是实现教育目标的基础和关键，是学生增长才干的前提和保证。一个有道德、有理想且自律的人会努力学习，丰富自己的素质修养，他的觉悟也会逐渐地提高。知识素养与自律精神应该是互相影响，相辅相成的。作为一名中学生，如果不把自律精神的培养放在首位，未来将很难在社会竞争中脱颖而出。那么，我们该如何认识自律，落实自律教育呢？

（一）自律是遵纪守法

自律是自我约束，要求学生能够自觉地用法律法规、校纪校规来约束自己的言行。想要让中学生自觉地遵守校纪校规，良好行为习惯的培养尤其重要，我们要认识到培养学生良好行为习惯这一任务的艰巨性和重要性。正所谓无规矩不成方圆，要使学生遵守制度，关键在于培养学生自我约束的能力，具体实施方法有以下几点。

1. 要营造良好的班级环境。我们可以通过开学初的班级文化建设，为学生营造干净、舒适的学习环境，让学生们把学校当成自己的家，这样可以使每名学生都能自觉遵守校纪校规并约束自己的言行。

2. 增强学生的集体荣誉感。通过开学军训、大课间操比赛等活动，让学生知道班级荣誉的重要性，使他们在平时的训练中得到锻炼，在比赛中获得成长，在活动中增强班级的凝聚力。

3. 班主任要做到勤观察、勤发现、勤表扬、勤纠正。让做得好的学生有自豪感，让做得不好的学生以前者为目标，不懈努力。针对学生自律性差的问题，教师可以利用班会课或者课余时间对学生进行教育，让他们明白自律的重要性。

4. 关心学生，建立良好生生关系、师生关系。班主任老师要严于律己，在与学生的朝夕相处中言传身教，以教师的示范带动学生的规范，要从日常点滴小事做起，教师做到自律，学生才能受到好的影响。

5. 建立合理的管理评定制度。建立班规，进行小组积分制的评比，每天为完成任务的同学加分，采取奖励制，并让学生们进行相互之间的监督，对每周的小组最高分进行奖励，这样不但能规范学生的行为，而且能调动学生的积极性，使他们都能去主动遵守班规、校规。

(二) 自律是自主的前提

自律是一种不可或缺的人格力量，真正的自律是一种自省、一种素质、一种觉悟。重视自身品行，成就精彩人生。子曰：“君子博学于文，约之以礼，亦可以弗畔矣夫。”意思是君子广泛地学习古代的文化典籍，又以礼来规范自己的言行，就可以不偏离正道了。孔子一贯倡导仁，认为君子能达到的最高境界就是仁，应顺应天道，即大自然运行发展的规律，顺应人类社会历史的发展规律，还要遵从每个人身心成长发展的规律。能做到如此的君子才能算不违背大道了，那么作为学生更应注重自身的言行。

1. 坚守诚信，学会做人

学校教育的任务是不仅要让学生学会学习，更要让他们学会做人，还要把传统美德与社会现实有机地结合起来，培养学生健康、高尚的人格、品德，做对社会有用的人。诚信是做人的最基本准则和道德修养，为人以诚、待人诚信，要从生活中点点滴滴的小事做起。要教会学生们做一诺千金的人，比如：考试不能作弊，不能抄袭作业，不懂可以向老师请教；答应别人的事不能完成就要向别人道歉并及时补救；勇于承认错误；等等。学生应通过自律做一个诚信的人。

2. 学会感恩，懂得回报

感恩父母和长辈，感恩老师和同学。“师者，所以传道授业解惑也。”教师不仅传授知识，更教会了学生如何做人。要对自己的同学感恩，同学不仅陪伴每个人走过多年人生旅程，在生活和学习中还能给人鼓励、支持和帮助，每个人都能在交流中得到提高，在共处的时光里感受到温暖，获得无穷而珍贵的快乐。

此外，我们还要培养学生们学会感恩，感恩祖国和社会将传统的感恩精神进行丰富与升华。我们要让学生明白，人格力量不可或缺，优良素质成就精彩人生。祖国不但为个人的生存和发展提供良好和稳定的外部环境，还赋予了我们中华文明的文化内核，因此，中学生应回报祖国的培养之恩。

3. 学会劳动，学会勤俭

我们要让学生们学会劳动，明确日常生活中的劳动任务，明确自己的职责，让学生在劳动中动手、出力、流汗，养成爱劳动的好习惯。在学会劳动的基础上，懂得珍惜，学会节俭。

4. 学会负责，学会承担

承担责任是一种使命，一个缺乏责任感的人，绝不会是一个自律的人。不承担责任的人失去了社会的认可，失去了别人的信任与尊重，同时也失去了自身的立命之本——信誉和尊严。应该教会学生勇于承担责任，让他们在困难时能够坚持，让他们在成功时保持冷静，让他们在绝望时懂得不放弃，对自己负责，对他人负责，对集体负责。

（三）自律也是一种自珍

用珍爱自己的力量塑造出的品德，会像艺术品般散发出迷人的光芒。自律可以帮助我们实现自己的梦想和社会价值，自律是实现人生目标的基础和关键，是增长才干的前提和保证。

作为中学生，学习是提升自我的必由之路，学习可以修养德行、提高能力、增长智慧。礼是社会运行的基本规范，只有人人遵守，才能保持和谐融洽的关系，社会才能健康有序地运行。拥有自律意识，无论何时，都是个人提高修养、社会和谐发展的基本要求。所谓自律，是针对他律而言的，是指人的道德判断受自己主观的价值标准所支配，自律源于一个人对自己的真正关爱，源于一种道德良知。“不妄没于势利，不诱惑于事态，心有长城，能挡狂澜万丈。”做一个自律的人，就是能率直地面对自我，素心为人，侠义交友。自律就如同镇静剂，玩耍后按时写作业、天寒地冻也能准时从被窝爬出来、旁边的同学嬉戏打闹时能埋头看书，这样的孩子长大后绝对了不起。充分的自律及自我控制，可以培养出孩子非凡的品格。

自律，是人最伟大的品质之一，其核心就是控制自己的情绪，调整自己的情绪，节制对个人身心健康有害的不良行为与日常习惯，懂得用理智去约束并掌控自己的生活，掌控自己的人生。能够坚持去做对自己生命健康和进德修业有益且有意义的事，通过自觉锤炼个人意志品质，克服惰性，避免消极情绪，修身养性，把注意力集中于更美好的未来，以改变自己的形象并积极地规划自己的生活，这是极不容易做到的事。

我们不难发现许多伟大的人，他们都能节制自己，集中力量在特定的事物上，进而取得杰出的成就。古希腊哲学家柏拉图曾说过：“自律是一种秩序，一种对于快乐与欲望的控制。”上至位高权重者，下至平民百姓，都要通过自律来约束自己。

总之，自律是能够带给学生自信，使他们坚持奋斗的良好品质。教师应教会学生依靠自省的力量自我教育、自我管理；应培养学生自律的品质，要把尊重学生人格与严格要求学生相结合，把外部监控与学生自我调节相结合；应培养学生以诚信为本，不仅要让他们会学习，更要让他们增强自制力，不断锤炼意志品格，培养强大的责任心，树立远大目标，丰富人生经历。

二、班级“自律”教育策略

（一）班级“自律”教育策略一

班级作为学校教育教学活动的基础单位，班主任管理水平的高低，对学生的全面健康发展，对完成各项教学任务起着举足轻重的作用。而班级管理的工作对象为个性十足、身心尚未完全成熟的青少年学生，其复杂性可想而知。很多教师将传统的师生关系比喻为“警察与小偷”，或调侃为与学生斗智斗勇，教师之辛苦与无奈由此可见一斑。面对当前新课程对师生关系的要求，想要减轻教师和学生的负担，就得在引导学生形成自律意识上下功夫。

教育能否有效，关键在于教育能否使受教育者的主动性和积极性得到充分发挥。在教育学生的过程中，我们常常会遇到这样的情形：任你苦口婆心、声色俱厉，有的学生就是听不进去；任你反复告诫，严厉惩处，有的学生就是改不了自身的坏习惯；有的学生当面答应的是一回事，背着老师做的又是另一回事，在校内是一种表现，在校外是另一种表现；同样参加一项活动，有的学生受益颇多，有的学生一无所获……教师都曾为诸如此类的问题所困扰，对这种情况感到束手无策。其实问题的症结在于我们总是以居高临下的态度对待学生，总以“管、上、压”的方式管教学生，对学生提要求、树规矩，而不去研究如何引导学生，使学生完全处于被动状态，迫于教师的某种“威压”才去按要求做，毫无主动性和积极性可言，这样的教育，其效果可想而知。

苏霍姆林斯基说：“只有学生把教育看成是自己的需要而乐于接受时，才能取得最佳的教育效果。”唯物辩证法认为，内因是事物变化的根据，外因是事物变化的条件，外因只有通过内因才能起作用。只有变“要我做”为“我要做”，变“他”为“自”的时候，学生的内部活力才能被启动，其思想道德素质才能真正提高。正如教育专家陶西平同志所说的：“素质教育的关键在于充分调动学生内在的主动性和积极性，从而形成内驱力。由此推动学生在教育教学的实践中形成各种良好的素质。”基于上述认识，在班级管理中应努力抓以下四个环节的工作。

1. 转变教师思想，增强学生角色意识

教师应进一步强化两个意识：一是强化“学生为主体，教师为主导”的意识，做到尊重学生的人格和主体地位，找准自己的位置，当好“导师”和“导演”，做学生的知心人，不当“保姆”、“法官”和“监察官”；二是强化“人人都是德育工作者”的意识，坚持“教书育人、管理育人、服务育人”的原则。师生双方应相互尊重，平等相待。相互合作才能达到交流的目的，理辩才能分清是非，只有这样才能促进学生自律意识的提高。

通过各种教育形式，让学生明确认识自我，养成良好的日常行为习惯，积极参与角色变迁。可以让学生进入不同角色，身临其境地感受、体验、鉴别和评议各种社会角色的善恶美丑，以培养学生的现代道德素质与良好的行为规范，为他们成为合格的公民打下基础，同时引导学生开展关于“自尊、自重、自爱、自律”的大讨论，唤起学生的主体意识和自觉意识。

2. 狠抓过程管理

良好的素质内化要通过科学的教育过程来实现，所以，实施素质教育必须高度重视教育过程，没有科学的教育过程就没有科学的教育。为此，学校狠抓教育过程的日常管理，并要求教师做到以下几点。

(1)教师应认真准备好每节班会课，抓住教育的最佳时机，及时制定班级规章制度，组织学习《中学生守则》《中学生日常行为规范》等，以使学生明确具体要求。

(2)寓教于乐，主要通过“活动教学”(如演讲、主题讨论、辩论等)引入社会伦理、人生价值、政治制度等焦点问题，来提高学生独立判断和分析问题的能力，增进他们的自律意识。丰富多彩的校园课外活动会比一些反复灌输的道德理论更能使学生产生浓厚的兴趣和积极参与的意识，从而建立自律意识。社交能力的训练，团队活动、运动会等，这些都会使学生潜移默化地形成自律、自治的意识。

(3)及时建立以“班主任—班委会、团支部—合作小组学生”为主线的活动组织系统，以保证活动的正常开展。对班干部进行培训和指导，使其明确自己的职责。平时由班主任、班委、小组长随时检查班内情况，每周由值周班长向全体同学汇报，每月进行小结，发现问题及时纠正。

(4)在班级日常管理中，除对出现的各种问题加以引导外，更应对有良好表现的同学及时给予表扬。如对运动会中的优秀运动员，本阶段成绩明显上升的同学，积极参与班级管理、为班级出谋划策的同学，为班级捐清洁用具或捐书的同学等，都及时给予不同形式的表扬，使学生进一步受到积极因素的影响，增强其自律意识。

3. 强化养成教育

乌申斯基有一句名言："良好的习惯乃是人在某种神经系统中存放的道德资本，这个资本不断地增值，而人在其整个一生中就享受着它的利息。"这句话道出了良好道德习惯对于人的重要性。叶圣陶先生认为，习惯的养成在于教师的训练和指导。确实如此，良好的习惯不可能只靠自发形成，必须经过指导和训练。教师还要使学生明确，习惯是一种定势，不良的习惯一旦养成便极难改变，所以必须从身边的小事抓起。

我们要求学生从自己身边点滴的小事做起。见到老师主动问好，见到地上有废纸随手捡起来，见到不论是谁的自行车被风刮倒了都能够主动去扶起来，见到班里的桌椅坏了能主动修一修……这些事情看似很小，却反映出一个人的品质。百尺高台起于垒土，质的飞跃基于量的积累，良好的道德素质建立在拥有良好行为习惯的基础之上。

教师应从起始年级抓起，注意研究新生的特点，利用起始年级的优势，严格要求，强化训练。

4. 活动效果反馈

在自律意识培养过程中，反映最强烈的还是学生。有的同学说:“提倡自觉,这是老师对我们的信任,老师越是信任我们,我们越得自觉。”有的同学说:“过去只要服从就行了,现在得靠自觉,要求实际上更高了,我们得时刻自己提醒自己。”还有的同学说:“现在没有老师的督促我也能做好了。我觉得自己长大了许多。”如此等等。这些反馈,说明这项管理模式初步达到了预期的目的,形成了学生的内驱力,提高了他们的自觉性,在更大的范围内调动了学生的主动性和积极性。

通过“三自”教育的工作实践,我们深切地体会到:引导学生由“他律”向“自律”的境界攀登,使之形成内驱力,提高自觉性,增强其自我教育、自我管理的能力,确实是提高德育工作效果的一个有效途径。今后,我们将继续研究,不断探索,为促使学生的自我教育、自我管理走向更加成熟的阶段而不懈努力。

(二)班级“自律”教育策略二

“自律”是建立在“他律”基础之上的,“他律”是条件,“自律”是目标,没有“他律”,“自律”就成为无源之水、无本之木。班级管理中的“自律”,就是要通过班主任的引导和影响,通过各种规范和制度使学生形成自觉、自愿、自主的行为。只有营造出“自励、自主、自律”的班集体,学生方能逐渐成为班级的主人。

1. 建立班委会——学生养成“自律”的前提

班委会成员是教师的得力助手,一个好的班委会是形成良好班风的重要保证。各班级结合学生的实际情况,让学生进行选举,选出学生干部,这些班干虽然不一定是“全能生”“尖子生”,但一定要有乐于为集体服务、合作和奉献的精神。刚开始时作为班主任一定要帮助班干部,精心指导他们。在班级进行量化考核时,班干部有权对班上的好人好事给予加分、给予表扬,对一些不良行为要及时用恰当的方式进行批评指正,树新风、扬正气。俗话说:“火车跑得快,全靠车头带。”一个好的班集体,班干部所起的作用不容忽视,因此,要经常组织班干部进行培训学习,阐明自律对学生自主学习的重要意义,对班干部提出要求:既要以身作则,身先士卒,从小事做起,从我做起,又要积极开展工作,大胆管理,制定出可操作性强的班规。在制定班规时,先让学生提出班级管理方法的议案,班委讨论通过后才能实施,要让学生感觉这不是教师提要求,而是自己对自己行为的约束。这样的班规具有很强的针对性、实效性,既让学生能普遍参与,又调动了学生的积极性。

2. 制定班规——学生养成“自律”的保障

开学初,班主任一定要组织学生学习《中学生守则》和《中学生日常行为规范》,让学生清楚地知道哪些行为是对的、哪些是错的,将规则熟记于心,明辨是非,约束自己的行为,监督同学的行为。应根据《中学生守则》和《中学生日常行为规范》,经过学生民主讨论,制定出符合自己班级实际的、详细的班级公约和奖惩制度,做到“有法”可依。有了班规之后怎么执行,是培养学生自律能力的关键。

(1)设计表格,依约登记。根据班级公约,学生共同设计登记的表格,以小组为单位,共设 8 个小组,每个小组的分数可分为四大块:学习、纪律、卫生、活动。每组扣分、加分情况分别登记,一目了然，每周一统计。

(2)人人参与，轮流管理。谁来管理，谁来登记？应鼓励学生人人参与，自愿报名当值日班长。值日班长每次两人，三天一轮换，根据学生个人情况，将能力高低不同的学生合理搭配，依据公约，公正“执法”。

(3)实行岗位责任制，充分调动全班学生的积极性。也可根据学生个人能力的不同，合理搭配，依据公约，公正“执法”。根据全班学生各自的爱好、特长将他们分为几个小组，如纪律、学习、卫生、体育、板报、文娱等小组，分别负责维护班级纪律、检查学生行为规范、监督班级卫生情况、办好班级黑板报、组织丰富多彩的文体活动等。这样既密切了集体与个人的关系，使学生在班级中都负起责任，又增强了学生的集体荣誉感。在实际工作中各组之间出现了相互支持、齐心协力搞好班级各项工作的现象，提高了学生的工作能力和综合素质。

3. 反思提高——学生养成“自律”的途径

值日班长认真记录当天的情况，做好日总结和周总结，对好的行为予以表扬，要让表现不佳的同学及时反思，并制定改进目标。这项制度实行一段时间后，学生们都努力按照班级公约来严格要求自己，出现了你追我赶、互相提醒的良好班风，虽然一些学生依然会犯错，但他们都在尽力克服自己的不良习惯。一天一小步，十天一大步，班级纪律就在这一天天的坚持中逐渐改善。每一项工作都是在实践、总结、改进的过程中持续推进的。这种方法从一定程度上强化了学生的自主管理意识，并培养了学生的集体荣誉感。

4. 班主任“自律”——学生“自律”的榜样

捷克著名教育家夸美纽斯曾提出：“教师的任务是用自己的榜样来诱导学生。”学生时代是世界观、人生观、价值观形成的阶段，这个时期学生可塑性、模仿力强。教师的思想品质、行为、习惯，甚至一举一动、一言一行都会对学生起到潜移默化的作用，特别是班主任教师。作为班主任，教师要具备高尚的道德修养，要以强大的人格魅力影响学生。当然教师的错误行为也会使学生印象深刻，作为教师，应该处处严格要求自己，在工作上尽心尽责、守时重诺，穿着打扮整洁朴素，言谈举止严谨平和，语调柔和而不失庄重，处处为学生做表率，避免粗暴的情态，真正发挥教师的主导作用，最终使学生主动接受并积极支持班级管理工作。

学生自律能力的培养不是一朝一夕的事情，必须反复抓，抓反复，才能收到良好的效果，同时还要不断地根据情况变化进行修改、细化。教师应对学生的工作方法加以指导，使每一个学生从单一的被管理者成为管理者，从自律走向自觉，主动进行自主管理，成为自己的主人，也成为班级的小主人。

（三）班级“自律”教育策略三

自律，即遵循规则、自我约束。懂得自律的人，通常能够更好地把控自己的人生，自律是我们每个人收获成功的法宝。著名教育家叶圣陶曾经说过：“教是为了不教。”教学是这样，班级管理也是这样，管理是为了“不管”，管理是为了让学生能够“自律”，能够实现“自己管理自己”。怎样管理班级才能实现学生人人“自律”的理想状态呢？“三自”教育运作形式，正是倡导着这样的理念，我校的每位班主任一直在进行着相关实践。

1. 榜样法：激励学生效仿模范典型

（1）要帮助每一位学生确立自己的人生目标。找到人生“偶像”，即帮助学生找到人生的成长方向。学生有了学习的榜样和楷模，就知道自己人生的路该往哪里走，就有了“自律”的内生动力和比较清晰具体的路径。很多学生不“自律”，是因为他们找不到人生目标，或者说不知道人生奋斗的方向和自己的前途在哪里，只好随遇而安、随波逐流、随心所欲。更可怕的是盲目追星，误入歧途。偶像和人生目标会随着年龄、阅历和时间的变化而变化，虽然学生的偶像和人生目标存在着不确定性，但人生每一个阶段和所处的时代都会有充满正能量的偶像和时代楷模出现，这些人物会对学生产生巨大的影响。班主任老师要有意识地通过主题班会或各种活动给学生树立正面的榜样，让学生有符合他们年龄和时代要求的榜样。

除此之外，在课堂和集体活动中，班主任老师还可经常对一些学习习惯、行为习惯好的学生进行表扬和鼓励，指出他们在学习和生活中的优良品质，为其他学生树立榜样，并号召其他学生向表现好的同学学习，从而激发起全班学生的积极性、主动性，用榜样的力量激励他们自觉遵守纪律，规范自己的言行。

（2）帮助学生认识自己，为他们指明路径。由于学生的个性差异，每一个学生都会有自己的偶像和人生追求。班主任在和学生朝夕相处的过程中，要修炼出“识人”的慧眼和本事，帮助学生认识自己，给他们指明“成为最好的自己”的前景和路径。一个班的学生，目标可能是各种各样的，教师一定要让学生有“行行出状元”的正确认识，并鼓励他们追求自己的理想和目标。只有学生有了自己的理想和目标，才有可能自觉自愿地朝着自己的理想和目标前进。

2. 说理法：帮助学生不断完善自我

(1)自我梳理反思。遵守纪律的学生大多能够养成良好的习惯，明理守纪，而一些认知水平不高的学生，还没有养成良好的习惯，就会经常违反纪律。因此，要想让学生养成遵守纪律的良好行为习惯，要从提高他们的认识水平、提升他们的自我修养做起。班主任可以组织学生，利用班会时间进行自我分析，找出违反纪律的原因，并提出克服缺点的办法。这样，他们就可以在自我梳理和反思的过程中，不断修正自己的行为，使自己不断向自我完善的境界迈进，最终达到自律。

(2)正面疏导情绪。学生在成长过程中，会遇到各种各样的困难和问题、挫折和打击，这可能会引发他们的消极、低落情绪，有时学生甚至会自暴自弃、自甘堕落。教师要及时给予学生帮助，让学生走出困境，顺利成长，也就是要求教师要及时正面地疏导学生的情绪。教师要不断激发学生追求理想和目标的激情和勇气，让学生有坚定的信念，心情愉快地“成为最好的自己”。

(3)细心发现问题。教师在和学生相处的过程中，还要及时发现学生心理和情感上的变化和问题，不断帮助学生解除成长中的“困惑”和“烦恼”。当然，心理疏导说起来简单，做起来却比较难。

教师要针对学生的不同情况运用不同的方法,针对不同时期的学生和具体事情使用不同的方法,这就要求教师有丰富的经验和足够的耐心,对学生细心且有爱心。

3. 公约法:培养学生自我教育能力

(1)制定班级公约。榜样法和说理法只是让学生自律的前提和基础,学生毕竟还是学生,还处在可塑的成长阶段,出错、“偏离轨道”和偷懒是正常的。自律的前提是“他律”,要想实现学生自律的理想状态,班主任当然还是要管的,只有先认真管理才会有后来的“不管”。班主任一开始就要立下规矩,制定好班规班纪,让学生人人有规则意识,懂规矩、守规矩。光有规矩还不够,还要严格执行,对学生的出错和偷懒行为进行适当的惩戒、教育,不断矫正学生成长的方向和速度,才能保证学生在这样的过程中养成良好的习惯,慢慢形成“自律”的自觉。当然,学生的偷懒和出错行为也会反复,那就是我们常常讲的“反复抓”和“抓反复”了,这都是学生成长中的正常现象。

(2)培养主人翁意识。班主任对班级的管理不只是让每一个学生自己管好自己的事,还要管理整个班级的秩序、方向和荣誉等,这就要求班级的每一个学生都有主人翁意识。有了主人翁意识,学生才会有自律的思想基础。让学生有主人翁意识最好的办法就是让每个学生参与班级事务和管理,让学生有参与权、决策权、知情权和监督权,既管自己又管别人,既是管理者又是被管理者。这样,学生在“他律”的过程中就会增强自觉性,最终达到自律的目的。

(3)因材施教,及时评价。对学生的管理要因材施教,也就是对不同的学生用不同的方法。班级管理要遵守教育的原则,从教育学生的视角去管理,合理使用班规班纪。就像治疗同样表现为发烧症状的病人,好的医生会对不同的发烧症状用不同的药一样,教师对得到同样成绩的学生也要采用不同的评价,有进步的要表扬,有退步的要批评。班级管理也要因人而异,因情况而异,适合的才是最好的。

"向来枉费推移力,此日中流自在行。"各班学生在经历了初一的规范形成,初二的实践磨合阶段后,到了初三基本具备了良好的自我管理和自我约束的能力。班级管理制度和日常规范逐步形成之后,即便是在没有教师的情况下学生也依然会按部就班地顺利进行一天的学习生活。在培养学生自律这一点上,班主任老师除了要营造自律的氛围,通过实践活动,利用榜样作用督促学生自律以外,还要发展学生的自我意识,指导学生经常反思自我、约束自我,这样,学生才能由"他律"转化为"自律",强化自我管理,他们的自律意识才能真正形成和发展起来。

(四)班级"自律"教育策略四

不论做任何事情,自律都至关重要。在学习和生活中,毫无节制的随心所欲必将导致不遂人意的结果。自律使人成熟,使人更加完善,它使得人们在面对问题时,能够更加冷静地思考,更加客观且理智。这样的态度在学生的学习过程中是尤为重要的,它能够使学生少走许多弯路,更加迅速地向自己的目标前进。

"金无足赤,人无完人",学生在成长过程中难免会有许多不足之处，特别是初中阶段的学生，他们的自我意识比较强，甚至个性中带着一种叛逆，他们可能会不愿意遵守班规校规，甚至是反感教师提出的一些要求，此时就需要班主任引导学生在学习生活中不断培养自律的精神，学习自己管理自己，学会从他律走向自律。

1. 以身作则，做学生心中的榜样

教师就是学生的榜样，作为班主任每天都与学生朝夕相处，他们的言行举止都可能会影响到学生。所以在工作和学习生活中，教师们应十分注意自己所做的每件事情是否能够给学生们起到示范作用。班主任都能坚持每天第一个到达班级，动手去摆好桌椅、清扫地面，那么学生们也会学习这种行为；在每天的大课间活动中，教师和学生们一起跑跑步，既能使紧张的工作情绪得到放松，也能在学生心中树立榜样，让学生意识到教师和他们一样对生活充满激情；教师如果要求学生每天按时、保质保量完成作业，那么教师就必须要当天批改作业，做到“今日事今日毕”。日积月累，学生就会发现教师对他们提出的要求自己都会先做到，这样做能够给学生做出正确的引导，学生也就会按照教师的要求努力去做。言传身教，身教重于言教，学生的自律精神就会在教师的影响下不断增强。

2. 培养学生良好的学习习惯和纪律观念

自律是建立在他律的基础上的，学生在小学的时候只是被动地去做老师要求做的事情，而成为中学生之后会随着自我意识的增强去做自己喜欢做的事情，有时候甚至会忽略纪律的存在，这时候培养学生良好的学习习惯和纪律观念就十分重要了。家庭环境的不同使得学生们的学习习惯也不尽相同,而良好的学习习惯又是学生取得良好成绩的基础,所以在日常工作中班主任应注重学生学习习惯的养成。

学习习惯一般包括课前准备习惯、上课习惯、预习和复习习惯等。班主任会根据不同学生的特点对其进行具体的训练。例如:在初一新生入学时要训练学生上课发言举手的习惯,班主任要告诉学生为什么上课发言要先举手,再做示范给学生,要求人人掌握规范的举手姿势,同时讲明发言时的站姿及声音的高低,这些行为既是对教师的一种尊重,也体现了自己的素养。为了培养学生的复习习惯,班主任通常会利用早自习时间带领学生们背背古诗、考考生字和单词,教师也可以将自己所背所记内容展示给学生,比一比记忆力。经过一段时间的训练,学生们已经慢慢地适应了这种复习的方式,同时在与教师的共同学习中也能明确学习的目的及任务是什么。在训练过程中,教师不仅要树立一些榜样给学生,还要及时纠正一些反复出现的不良行为,帮助学生共同进步,让他们了解到自己是在一个积极向上的集体中,每个人都在努力进步,自己也要做别人眼中的榜样。

班级自习课时偶尔会出现几个小捣蛋,他们的纪律观念不强,不能很好地约束自己。此时,如果一味地责怪和批评会让学生感到心里不舒服,教师要注意维护学生的自尊心,可以采用多种方式来对学生进行纪律教育。例如利用课后时间坐下来进行一次友好的谈心,倾听他们的心声,帮助他们找到自己的缺点、认识自己的错误。同时在班级中树立遵守纪律的榜样,请这些学生辅助教师管理班级，此时这些学生有了模仿的对象也就有了改正自己错误行为的标准，这样可以促使学生养成良好的纪律观念。

3. 对学生的点滴进步给予赞美

作为班主任，在平时的工作中要及时地发现学生的闪光点，哪怕是很小的进步都要给予赞美和鼓励，使学生在鼓励中不断增强自信。同时，教师也可以利用这个机会对学生提出进一步的要求，引导学生更加严格地规范自己的行为，提高自律意识。

4. 在学习任务上进行规划培养

自律是实现目标的基础和关键，是增长才干的前提和保证。因此在学习过程中，有意识地培养并提高学生们的自律能力十分关键。为此，每周末，班主任都会让学生在家对下一周的学习任务进行时间上的规划，并制订出相应的时间表，当目标明确之后，学生的效率就会不断提高，任务也会更加顺利地进行。一段时间后，当学生适应这种时间规划的形式时，即使是闲散的时间，也会因为有每周学习任务的督促而被充分地利用。如此便培养了学生们的自律精神。

最初，总有一些学生制订的每周学习任务很不明确，他们总觉得无所事事，也有少部分学生在每周的学习任务中，事无巨细地进行规划。对于第一种学生，我们会让他们将每周任务按学科进行分类，每个学科在每周都有不同的任务需要完成，这样累积起来就不会出现开始时的那种手足无措的情况了。对于第二种学生，他们事无巨细地进行规划，往往会压抑自己的学习热情，给自己过多的学习负担。所以,面对这类学生,我们会让他们将每个细小的任务进行分类汇总,更加灵活地进行时间规划,这样学生的自律精神便在每周完成学习任务的过程中生根发芽了。

自律精神是人生的一面镜子,它时刻提醒着我们,让我们认清自己的行为、认识自己的不足,从而加以改正。自律是一种不可或缺的精神,真正的自律是一种自省,一种素质,一种觉悟。只有认清自己的不足,及时调整自己的状态,才能在学习过程中取得更加长足的发展与进步。“吾日三省吾身”,每天都对自己一天的行为进行适当的反思与总结,明确不足之处要有意识地进行改正。自律是实现人生目标的基础和关键,是增长才干的前提和保证。拥有自律精神是走向成功的必由之路。

正如塞尼卡所说:“能自律的人,就是最强有力的人。”自律也使得人们更加自由,更能享受学习与生活的乐趣与美好,愿我们的学生都能拥有自律的精神,拥有幸福快乐的生活。中学生只有学会自律,才能做更好的自己,才能够学会自尊、自爱、自信、自强,不断实现自己的理想和目标。

三、自律之教学

自律的学生在学习过程中对认知活动能够进行自我评价,并针对自身情况做出相应的调适。教师要在教学活动中帮助学生对学习情况、学习方法进行自我认识、自我反馈和自我调节,帮助学生在课堂学习活动后对学习结果进行自我检查、自我总结、自我评价和自我补救,使学生达到建立在自我认知基础上的“坚持学”。

萧伯纳说：“自我控制是最强者的本能。”在学习生活中每个人都或多或少地面对着各种各样的诱惑与挑战，或是好玩的手机游戏，或是懒惰放纵的内心……它们成了学生前进路上的拦路虎，只有真正打败它们的人才能披荆斩棘，最终获得学习上的进步与成功。要想抵制这些学习中的倦怠心理、享乐情绪，最重要的是要有足够的自律。

自律，就是自我要求、自我反思、自我教育、自我约束，使自身养成良好的行为习惯。在学校的“自励、自主、自律”教育理念引领下，每位教师都已树立了全新的理念，为学生创造机会，为学生搭建探究、展示的平台，培养学生自我约束、自主管理的能力。

不奋发，则心日颓靡；不检束，则心日恣肆。要想拥有自律的能力需要进行他律的培养，学校各学科教师通过实践探索，共同总结出如下方法对学生进行培养。

（一）积分法：培养学生的自我教育能力

利用积分法，在教师的引导下让学生们反思自身在课堂上存在的不良行为，共同推出课堂公约，以下的公约内容可以作为参考。

1. 早晨进教室及时交作业，主动把作业放在组长的课桌上，由组长统一收齐，分别上交课代表；早自习后不再收作业。违者扣2分。

2. 不得抄作业。违者扣4分；超过3次通报家长配合教育。

3. 上课不得迟到。违者扣2分。

4. 课间做好下堂课课前准备，桌面放好有关教材及学习用品。

违者扣2分。

5. 上课不得随便说话，不得做与当堂课无关的事。违者扣5分。

当然公约不是以扣分为目的的，对于表现好的学生也要有加分鼓励。课堂公约的制定，既发挥了学生的主观能动性，又有效避免了他们“逆反心理”的产生，达到了让学生自己教育自己的目的。

（二）榜样法：激励学生效仿模范典型

同伴往往是学生直接模仿的对象，可以利用集体的作用，在课堂活动中，有意识地对一些表现好的学生给以肯定和表扬，指出他们能认真思考、积极发言等优点，为其他学生树立榜样，并鼓励学生向表现好的同学学习，从而激发起学生学习的积极性、主动性，用榜样的力量激励他们自觉遵守纪律，规范自己的言行。

巧妙地运用“激励”措施，往往会收到事半功倍的效果。自律意识的培养需要环境，创设良好的环境，让每个同学的成长都有合适的土壤，对学生的赏识、激励，对学生个性、人格的尊重学生，都能起到促使学生进步的作用，从而最大限度地培养每一位学生的自律意识。不失时机地为他们的点滴进步喝彩，激励每位学生在不同方面获得提高，让每位同学都成为课堂的主人。和谐轻松的课堂，为学生自律精神的养成提供了环境，学生在这样的环境里才能有合适的土壤供自律精神生根。

（三）反思法：促使学生进行自我监督

没有养成自律精神的同学，可以要求他们对照大家共同制定的课堂公约，定期去反思自身遵守课堂纪律的情况，不断调整自身行为，用自我评价来调动他们的积极性，从而达到自我约束、自我监督的目的。

但是，仅凭学生的自我评价并不能最大限度地对他们起到约束作用，因此，还要适时地对他们进行指导和帮助，必要时找他们聊一聊，帮助他们反思自己的不足，促使其遵守课堂纪律，尽快帮助他们养成良好的听课习惯。对于学生出现的问题要从学生的角度去思考，查找问题的症结，然后有针对性地与学生交流想法，并在交谈的过程中给学生留出思考时间，让学生去反思问题，思考整件事情的利弊，在倾心的交流中让学生找出解决的方式方法。学生反思自己的行为，自己战胜自己，从他律走向自律，从自律走向自觉，这样，学生就可以在自我认识的过程中，分析自我、提高自我、超越自我、完善自我，逐渐改掉自己的缺点。

（四）训练法：培养学生的良好行为习惯

习惯是一种动力定型，是条件反射长期积累和强化的结果，必须经过长期、反复的训练才能形成。要想让学生养成遵守纪律的良好习惯，最基本的方法就是严格要求、反复训练。训练先要强调“严格”二字。对学生们来说，培养遵守纪律的良好习惯是一个痛苦的过程，在关键时刻，要严格要求他们，着重培养他们和缺点做斗争的精神，防止不良习惯占上风。比如上课的坐姿，手放到哪儿、腿怎么放、眼神看哪儿，都应要求到位。训练还要强调“反复”二字。养成好的习惯好比一个“系统工程”，要有持之以恒的精神。特别是不遵守纪律的学生，他们已经有了违反纪律的不良习惯，矫正这个习惯就更需要持久、反复的训练。

（五）计划法：培养学生的恒心与毅力

很多同学在制订计划时总是一腔热血，在开始的时候，每天能按部就班地完成自己制订的计划，甚至熬夜去完成额外的任务。但往往没过多久便出现了倦怠的情绪，心里想着反正前几天完成了那么多的任务，今天就休息一下。久而久之，每天的学习计划便被荒废下来，最终一无所获。

正确的做法应当是每天按照自己的计划，依次进行，然后根据自己执行的水平和实际情况，逐步增量。不要心血来潮一天完成过多的任务，这样会提前透支大脑的满足感，并且也会使身体变得疲倦。当学生学会坚持自己的计划后，自律也会随之而来。

总之，从反思到实践，培养学生遵守课堂纪律是提升学生自律能力的基础。作为教师，在教学活动中应适时地改变自己的教学行为，不断提高学生的自我约束能力，真正教会学生自律，从而让他们学会做人、做事。

学生生命中智慧与品格的成长，不是只靠一位教师、一节课就能实现的，每一位教师都应该在学科教学中以“全面落实立德树人根本任务”为己任，在教育教学过程中为学生的健康成长保驾护航。

在“三自”教育理念引领下，佳木斯市第三中学教学体系得到完善,教师在不断的实践和研究中成长起来,学校也在不断的实践和研究中得到了发展。理念引领,行稳致远,在今后的教育道路上,佳木斯市第三中学的教师会不断学习,提高自己,为学校未来的发展、学生未来的发展尽一分力量。

第三章

反思—合作—提升

第一节 反思感悟，空中课堂“三自”护航

2020年初，一场突发的疫情侵袭了中华大地，全国各族人民在党中央国务院的领导下齐心协力，奋力抗击。根据省教育厅和市教育局关于新冠肺炎疫情防控期间教学工作的部署和要求，佳木斯市第三中学把“停课不停教、停课不停学”的要求落到实处，本着学校“为学生全面发展负责，为民族伟大复兴奠基”的发展理念，学校领导及广大师生迅速行动起来，以饱满的工作热情，有序地开展线上教学活动。

为保证线上教学的顺利进行，学校倡导采用先进的、高效的微格化管理模式，细划管理责任、明确管理环节、梳理管理流程，多次组织召开专题会议进行研究部署，制定线上教学工作方案，以提升线上教学水平、提高线上教学效率与质量为重点，积极探索把信息技术与学校的“五环体验式教学法”有机结合的模式，逐步实现教学内容呈现方式、学生学习方式、教师教学方式和师生互动方式的变革，本着“一线思维”的原则，为学生的学习和发展提供丰富多彩的教学情境和有力的学习工具，为学生的全面发展奠定基础，同时促进教师的专业发展和“立德树人”理念的立体推进。

一、线上教学工作的组织与开展

(一)谋划布局,措施得力

遵照上级要求,根据实际情况,学校制定了《佳木斯市第三中学在线教育教学活动方案》,学校领导通过网络平台,传达、部署并开展线上教学活动,明确活动目的、意义及要求,提高教职工的思想认识,确保教学活动正常开展。对于线上教学工作采用高效的扁平化管理模式,学校领导直接深入到各个学年,巡查课堂及教研备课活动,与一线教师沟通交流,及时了解、反馈线上教学的情况,依据掌握的第一手资料,制定出学校线上教学的五项策略,包括:“一张图”“两个保证”“三个自我”“四个确定”“五个跟踪”。这五项策略覆盖了线上教学的各个环节,具有很强的指导性和可操作性,成为学校线上教学的一大特色。

“一张图”指的是“网课流程图”。虽然对教师组织过多次多层次的培训,但仍然有一些教师搞不懂网课的操作程序,遇事手忙脚乱,尤其是在遇到一些突发状况时,更是不知所措。针对这种情况,教务处制作了一张网课流程图,涵盖了对教师上网课的所有要求,直观地描述了从课前准备,到上课、下课的整个操作流程,尤其是上课出现问题时的处理办法。图示清晰明了,一图在手,让教师们上课时轻松了许多。

“两个保证”就是指学校的网上教学,一要保证出勤率,二要保证上课质量。教师遵照学校要求,督促学生上线以保出勤,检查设备、课件使教学顺畅，准点上下课，保证课堂时间（30 分钟），合理安排教学内容，保质保量完成教学任务，把握好上课时间，以使教学内容和课堂环节完整。负责三个学年的教务处干事全程巡视各班上课情况，检查督促教师及时上线、按时上下课、完成教学流程，确保每节课的完整性；负责三个学年技术支持的教师全程巡视各班情况，发现诸如音像卡顿、黑屏掉线等问题直接帮助解决，从技术层面上保证教学的顺利进行。这样就从多方面保证了网课的质量。

“三个自我”即自我反思、自我调整、自我提高。学校要求教师每节课后要看回放，自我反思找出优点和不足，有针对性地进行自我调整，从而达到提高教学质量的目的。目前绝大多数教师已经能够熟练掌握操作方法，自如地进行网上授课。精美的课件、精彩的讲解、精致的设计，教师们打造出一节又一节的精品课。

“四个确定”指的是教研备课活动要定时间、定内容、定主讲和主备人、定进度。三个学年的二十二个备课组长经常以视频会议、网络聊天等形式进行教研和集体备课，落实“四个确定”要求。经教务处检查，绝大多数备课组教师的课基本能达到“四统一”：统一进度、统一内容、统一课件、统一作业。也正因如此，当有的老师因为种种原因不能上线时，其他老师才能顺利联播，不耽误学生的学习进度。

“五个跟踪”：一是校长对所有课堂全程进行随机跟踪，并监督评价小组的反馈，从总体上把控全局；二是副校长全程跟踪自己所负责的学年教师的课，随时处理出现的问题；三是教务主任全程跟踪所有课堂、教务干事全程跟踪分管学年课堂，及时处理问题并进行反馈；四是信息技术人员分学年全程跟踪，对出现的技术问题随时进行指导并及时反馈；五是班主任全程跟踪班级，检查、督促出勤，课堂出现问题时第一时间稳定学生，协调安排接下来的教学。

正是因为采取以上策略，佳木斯市第三中学的网上授课才得以顺利进行。

（二）合理安排，严格要求

为使教育教学内容适合线上教育，使科学知识与情感教育、价值观并重，佳木斯市第三中学倡导“五环体验式”教学模式，注重教学内容的安排，要求在线教师严格执行上级的要求，教育和教学并重。根据疫情发展对学生进行现实教育，学会鉴别各种信息，批判违规违法现象，不信谣、不传谣、不恐慌。教学方面学校为教师们提供“学习强国”“中学学科网”“国家中小学网络云平台”等共享电子资源，要求教师特别注重对学生的爱国主义教育、安全教育及家国情怀的培养，同时要做好学生的心理辅导工作，引导学生正确看待疫情，传播正能量，形成正确的人生观、价值观。此外要求全体教师控制作业量，不得过分追求数量。同时，各年级各学科成立集体备课组，利用网络平台进行集体备课，确保备好每堂课，上好每堂课。各任课教师全天在线，通过网络授课平台，为学生讲解新课，指导学习。各班主任每天对学生的学习情况进行统计，督促、检查学生学习情况。

（三）制定方案，灵活安排

学校根据教学实际，灵活安排每日课程。一方面，照顾到初中学生的实际,学校将每节课设置为30分钟,为保证学生用眼卫生,提升学生身体素质,每日安排了眼保健操时间和体育锻炼时间。另一方面,因为是在线上上课,上课时间也做了调整,教师们对教学内容也做了相应的调整,在学科教学中加入与防疫相关的内容,如语文教学中加入与健康有关的古诗词赏析课,英语学科中加入与时事热点相关的单词学习与阅读材料,生物学科中加入有关病毒和传染病防治的知识,道德与法治课上加入疫情中的人际交往等。此外,由于线上教学的局限性,教师们通过整合课程内容,降低难度、放慢速度,保证学生学习的有效性。教务处精心安排了线上上课期间的课表,所有直播课均由本班级任课教师承担。

(四)教研备课,群策群力

学校教师在特殊时期的教研备课活动主要以备课组为单位开展,每组每周两次在固定时间以视频会议形式进行30分钟以上的教研备课活动。按照学校要求,各组备课要做到:"四个统一",即统一进度、统一内容、统一课件、统一作业;"两个准备",即准备好任务清单或导学方案,准备好课堂资源。在备课组长的带领下,教师们精诚团结,密切合作,优化整合共享教学资源,探索适合本学科的线上教学模式,研究让课堂更有效率的教学方法,通过看回放视频进行反思,取长补短,不断提高线上教学水平,最大限度地发挥集体的智慧与力量。在全体教师的共同努力下,各备课组逐步形成了网上授课的特色,有力地提升了线上教学的效果。

(五)线上课堂,高质高效

为了上好网课,教师们克服了重重困难,付出诸多艰辛,由不熟练到熟练，从不适应到适应，从战战兢兢到从容自如，线上教学工作渐入佳境。教师们按照学校要求每天提前5分钟候课，调试设备，准备课件，以保证直播顺利进行。教学上教师们力争打造优质高效的课堂，充分利用课程资源，合理安排教学环节，精讲精练，突出重点、难点，注重教学效率；积极引导学生，适时互动交流，及时表扬鼓励，提高学生学习效果。课后教师们还组织学生进行线上辅导、答疑、作业批改等适合学生居家学习的指导，促进学生逐步适应和掌握在线学习模式，增强自主学习的能力。

（六）全程跟踪，保驾护航

为了确保线上教学的质量，学校成立了由校长、副校长、教务处主任及干事、信息技术教师组成的线上教学质量评估小组，从教学和技术两个层面全程跟踪线上教学活动。校长总体把控，副校长、教务主任具体协调指导，教务干事检查课况并及时反馈，信息技术教师提供技术支持，如此全方位立体化的管理模式便于第一时间发现问题并及时处理，保障了学校线上教学的顺利进行。学校还通过“早提醒、日反馈、周总结”，以及召开视频会议等方式，让教师们认识到自己教学的优点与不足，促使他们不断完善自己的线上教学行为，进一步提高线上教学的质量。

（七）注重沟通，及时改进

在线教育教学要向家长开放。要求教师在线教育要接受和欢迎所有的学生家长进行监督。针对家长所担心的问题（如：在线学习对孩子的视力影响；网络不通畅、信号差，错过线上学习活动怎么办；家长对个别科目无法辅导；父母上班，孩子由爷爷奶奶管理，他们对网课软件不熟悉，无法督促学生学习；学生们在线学习时的定力和自控能力不够等），家长有呼，教师必应。学校在后期优化了课表，简化了方式，并让教师指导家长熟练运用。教师也通过电话随访、微信视频等方式对学生线上学习进行辅导、抽查、答疑解惑。对极个别未能参加线上学习的学生，教师的直播设置为允许回看，允许学生根据自己的情况选择同步在线观看或使用回看学习，保证每一名学生学习进度不落下，学习任务不欠账。

停课不停学，家校皆课堂。全新的学习模式，不一样的学习方法，学生们做到了防疫和学习两不误，获得了优良品格养成和学习能力提升的双丰收。线上教学是“互联网＋教育”的重要应用展示，任务艰巨，使命光荣。

二、线上课堂教学策略的研究与实施

（一）课堂教学模式的课题确立

学与教是人类教育中的永恒现象。特别是在学校教育中，课堂教学活动更是实现教育目的、任务的主渠道。把信息技术与“五环体验式教学法”融合，探究实现信息技术的应用与学校教学过程有效整合的规律、策略和方法，最终实现把信息技术教育的任务和学科教学的目的统一在同一教学过程中。面对疫情的挑战，学校借助信息化手段营造教与学的环境，充分利用信息技术手段解决常规教学难以解决的困难和问题，提高学科教与学的质量和效率，使教师的教学更符合学生的认知规律。培养教师的融合理念，树立资源共享理念、创新理念、发展理念、人本理念等，在提高教师的教学、科研能力的同时，提高教师的信息技术素养，也为全面提高学生的学习能力奠定坚实的基础。同时改变学生学习方式，让学生在运用信息技术的过程中，体会个性化学习和协作学习模式，并使其明白融合对于提高自身素质和终身学习的意义，从而在培养学生信息技术素养的同时，提高学习能力。

（二）特色教学模式方法的实施

自开启网课以来，学校聚焦课堂，根据线上授课的特点，在原有教学策略“五环体验式教学法”的基础上，开展课题研究，优化实施，把“五环体验式教学法”与信息技术有机结合，形成了新的教学模式。

“五环体验式教学法”的内容是：创设情境，导入新课；目标导引，自主学习；合作学习，突破疑难；展示交流，分享成果；分层练习，体验成功。

下面结合几位教师分享的案例来谈如何在线上教学中实施“五环体验式教学法”。

1. 第一环节：创设情境，导入新课

所谓情境教学，就是为了达到既定的教学目标，根据教学内容和学生特点，采用多种手段创设与教学内容相适应的具体情境，把学生置于特定的教学环境中，引发学生情感，激活学生思维，使学生积极参与教学活动，达到教学目的，取得更好的教学效果。“好

的开始是成功的一半”,引人入胜的情境创设,可以吸引学生的眼球,唤醒学生的求知欲,激发他们的学习兴趣,从而提高课堂效率。

【教学案例】

道德与法治教研组的尹老师为了让线上直播的每一节道德与法治课富有魅力、充满活力,让学生在课堂上愉快地接受知识,培养能力,采取了如下方法进行导入新课的环节。

一、联系时事热点,创设情境导入新课

道德与法治课教学本身就和时事政治密切相关,尹老师根据教材内容,紧密结合“全民抗疫”这一社会热点,利用新闻报道创设情境、导入新课。

在讲“情绪的管理”这一框题时,她选用了视频“火神山护士母亲去世,向家的方向三鞠躬”这一新闻片段。首先让学生看视频短片,刚一播放短片,学生的视线就被短片的内容吸引了。

观看短片后请同学回答问题:新闻中的吴护士听闻母亲去世的消息后,她的情绪如何,最后她是如何对待工作的?短片中吴护士的同事们有什么样的表现?看完视频,你有什么样的感受?

学生会在互动面板上打出“悲伤”“同样悲伤”“调节情绪”等关键词,此时再导入新课会让学生对将学习的内容有更明确的认识。

二、立足学生生活实际，创设情境导入新课

在选择视频资源时，要把握贴近生活、贴近实际、贴近学生的原则，让视频内容感染学生，使课堂氛围活跃起来。

在讲“青春萌动”这一框题时，尹老师选用了视频《八分钟温暖》，视频只有2分钟时间，却是一个微型的青春偶像剧，尹老师结合视频的内容与学生探讨青春敏感话题，创设情境，自然而亲切地导入新课。

三、结合教学内容选取歌曲，创设情境导入新课

尹老师在线上直播候课时会选择一些与课程内容有联系的音频，引起学生的有意注意，创设情境。

在学习“青春飞扬”这一框题前为学生们播放歌曲《明天，你好》（“长大以后，我只能奔跑……”）引发学生的共鸣；学习“情绪的管理”这一框题前播放歌曲《笑比哭好》，让学生了解情绪是可以调节的。利用欣赏优美动听的歌曲来创设情境、导入新课，可使学生通过歌曲所反映的思想观念去理解所学课文的内容，激发学生参与学习活动的兴趣。

教无定法，贵在得法。线上教学的特殊性决定我们可以多采用音频与视频短片创设情境。实践证明，虽然条件有限，但只要用心选择与教学内容吻合的资源，精心设计课堂导入环节，一样能达到很好的效果。同时也应将网络资源与教学过程各环节协调好，使之成为一个紧凑的、有机的统一体，这样直播课堂教学才能取得

成功。

2. 第二环节：目标导引，自主学习

线上教学可以充分发挥网络的优势，根据不同学生的反馈，关注学习过程中出现的不同问题，更加细致地引导学生自我管理与自主学习。首先要设计好每节课的学习目标，良好的自主学习离不开科学的学习目标。因此，教师精心设计好每节课的三维目标及教学的重难点，充分发挥线上指导的作用，使学生有针对性地学习，充分利用好网上的30分钟，这样做不仅培养了学生的自主学习能力，还提高了课堂效率。

【教学案例】

语文组的刘老师为了激发学生的自主学习热情、培养学生自主学习的能力，采取了如下方式进行教学。

1."自由扎堆"式。在每节网课前一天，刘老师都会布置课前的思考题。并且通过小组学习的形式，把思维发散、乐于讨论的同学与平时性格内向、不敢发表见解的同学分配在同一组，设立小组长。通过课前小组讨论的形式，使每一位同学都可以参与讨论，使学生通过讨论锻炼自身的口语表达能力，并且让他们熟悉新课内容，为高效地完成网课任务提前做好准备工作，让学习能力不同的学生相互交流，相互鼓励。

2."自主遨游"式。课后刘老师会根据本节课同学们的知识掌握情况，布置相应的课外作业。作业的形式不

局限于手写练习，她鼓励学生们多多拓展自己的课外知识，会为大家布置一些读书任务或是要求学生们看一部有意义的电影，或举行清明节的网上征文活动。她认为这些对学生们的语文素养提升有很大的帮助，可以以此种形式激发学生们对语文学习的热情，使学生们即使在老师没有硬性要求的情况下，也会自愿地进行学习。

3.“随时答疑”式。学生在完成教师布置的预习任务时，会遇到一些自己和小组成员都无法解决的问题，这时候刘老师会让小组长汇总组内问题，再将各小组的汇总问题发到微信群里，刘老师在群里集中解答。这样不光同学们可以清晰理解自己遇到的问题，同时也能看到别的小组的问题，如果有想法，也可以参与讨论，帮助解答，在这个互相提问、互相解答的模式下，学生的自主学习能力会得到一定的提高，大家的学习热情也会得到极大的提升。

3. 第三环节：合作学习，突破疑难

合作探究的方式有两种：一种是小组合作探究，目的是解决自主学习中的疑难，可以利用网络社交软件进行；另一种是班级合作探究，解决小组合作中的疑难，教师在全班的合作学习中要及时点拨、指导。合作探究的问题有学生课前预习记录的疑难问题或不理解的重点知识，也有教师根据课程标准提出的引领性问题，还有学生探究中生成的问题。这样的课型要在网络平台的视频会议模式下进行。

【教学案例】

英语组的李老师做了如下尝试。

一、分组合作。李老师将学生分成五个合作小组，由班级里学习成绩较好、组织能力强的学生担任各小组组长。每组同学用网络社交软件建立讨论小组，李老师会在每次课后都布置几道具有合作价值的思考题，供同学们在小组内共同讨论、解答。例如：在进行第一个单元"How can we become good learners"的教学时，她在进行新课的讲解前将预习主题下发到每个小组，并从课文翻译、单词理解、活动探究三个方面布置了探究任务。

二、合作探究。在小组的研讨与合作探究阶段，课后同学们在网络社交平台的聊天群中各自阐述自己对课后问题的相关意见，并在小组长的带领下，对问题进行分析与研究，存在分歧的问题大家共同商议，遇到疑难的知识点大家一起寻找答案。最终将小组意见统一汇总，并对仍然存疑的地方进行相关的记录。让学生将课文进行拆分，每个人负责不同的部分，并承担起此部分的讲解任务。与此同时，将文段中出现的本单元单词在教辅或者英语学习软件中进行相关内容的查找，在组内进行单词分享。最后是活动探究，同学们以"How to become good learners"为主要话题，组内自行设计相关互动内容。有的小组以制作单词卡片的方式进行英语课文背诵，有的小组则以组内抢答的形式来复习每次课上的内容……小组内的学习活动形式多样、内容新颖，这样的组内合作学习不仅提高了同学们的学习热情，更丰富了同学们的学习形式，巩固了对相关知识的记忆。

三、反思总结。在这样的充分交流与研讨后，让同学们继续在第二天的线上教学课堂上以发言的形式进行结论的分析和分享。由于每个小组成员都是在前一天进行了充分的讨论，并带着课后讨论探究过的问题进行课堂学习的，所以课堂效果非常显著。每个学生都将疑难问题学习得更加透彻，理解得也更加深刻。这样的学习使得学生在课堂上更有参与感，更有成就感，并且使学生更有兴趣进行下一次的小组问题交流，这样的良性循环也使得班级学习氛围越来越浓厚。寓教于乐，小组成员之间取长补短、共同进步，这种合作交流的学习新方式使得学生更加注重平时的积累，学习的惰性越来越弱，热情愈发地高涨，虽然我们没法与学生进行面对面的交流与沟通，但是通过网上合作学习的新方式，学生也受益匪浅。

英语是一门语言学科，既然是语言学科，常听、常说、常交流便是学好英语的法宝。但是，网上授课使得生生和师生之间的交流受到了极大的限制。而英语学科的线上教学，则是通过小组合作研讨的形式开展的，这种方式增强了师生之间的交流，在不断交流的过程中，学生的问题便浮出水面，最后汇总到教师这里，成为下一节课教师授课的重点内容。这样的授课针对性更强，学生的学习效果也更好。这种交流过程对学生既是一种约束，也是一种督促,这样的学习方法不仅激发了学生的学习热情,更有效地提高了学生的学习效率,使得学生在家中也能拥有高昂的学习热情。这种网络教学的合作学习方式,有效地解决了学生因为在家学习而产生的学习效率不高、心情焦虑等问题。

4. 第四环节:展示交流,分享成果

该环节以小组为单位,让每个小组向全体同学展示学习成果,表达方式可以有多种形式,采用自愿、小组推荐或教师点名等形式选出展示者,这样能使全班学生参与到课堂展示中,让学生们在教学活动中提高自己的能力。教师在学生展示时要发挥好指导作用,适时地引导、调控和激励学生。

线上教学这种教学方式最大的特点就是拉大了师生之间的距离。线上教学效果究竟如何、怎样保障线上教学的质量,是所有教师共同面临的问题。但不论是传统教学还是网络教学,教学的主体是学生,教学的核心依然是培养学习者的求知欲及解惑能力。学生如果只能作为信息的被动接受者,无法体验到参与的乐趣和激情,又怎么会在学习过程中感到身心愉悦?因此保障学生在课堂上的参与度和师生间的相互交流就显得尤为重要。

【教学案例】

结合教学实际,物理组的肖老师采用了以下的做法。

1. 合理运用连麦功能。线上教学应该规划好讲授、提问、解答、学生讨论的相关内容。除非内容特别必要,否则不能全部由教师一人满堂灌,而是要以学生为主体,通过提问和讨论的形式提高学生在课堂中的参与度。在提问和讨论环节，连麦是教师和学生交流的较好方式，也是教师了解学生知识掌握情况，以及学生提问质疑的直接途径，更为关键的是，还能调动学生的课堂参与热情，提升学生学习专注度。因此，教师要不定时地设置问题，不定向地连麦学生，使他们回答问题，参与交流互动。教师应鼓励学生大胆连麦，在连麦过程中观察学生的学习状态和效果。但有时受网络条件限制，连麦过程会受到影响，这时也可采取在班级群里“@学生”的方式，让回答问题的学生提前准备，并可以让学生以文字的形式回答问题。教师要综合运用各种网络工具创造条件，保证学生在上课时的参与度。

2.提高学生的动手能力。物理是以实验为基础的一门学科，通过各类探究活动引出物理概念、原理是教好物理的关键，但受线上教学的限制，目前，教师们通常采用播放实验视频的方式进行授课，学生无法亲自参与到实验环节中。为了让学生更好地理解科学探究过程，可以对一些实验进行简化，然后让学生利用家中现有的物品，进行一些简单的物理实验并录制小视频，教师再对实验过程进行讲解。教师挑选优秀视频，作为新课的微课资源，供全班同学学习。上课时，学生也会特别期待，是哪位同学的优秀视频被教师录用，这位同学讲的怎么样。这样不仅增加了师生间、生生间的交流，也增强了学生对知识的理解。

3. 线上授课课时较短，所以教师的教学设计也要考虑时间优化的问题。为节约时间，同一节课的小组交流过程可以采取另一套设备同时进行，也可以采用两个平台同时登录的方式，这样可以避免系统退出和重新登录消耗过多的时间。

5. 第五环节：分层练习，体验成功

根据学生学习能力的差异，教师可以把习题分成三类，还可以将每节课的练习题由易到难分成三层，针对学情设计不同层次的练习题，让每个学生都有成功的体验。

【教学案例】

生物组的刘老师采取了以下措施完成该环节的教学活动。

一、学生篇：调查分析，科学分层

线上教学"对着屏幕讲"的特点决定了上课时教师的"讲授"增多，因此线上教学的课后练习就变得尤为重要，它是学生对教师本节课教学质量最好、最直接的反馈。

刘老师所教的学年是初中二年级，学生在学习能力上已经呈现出了一定的差异，他能因材施教，以学生的性格特征、对事物的认知能力和学习能力的差别为出发点，将学生进行分层，实现不同层次学生的学习需求，使生物学习能力较强的学生能够得到提高，也能兼顾基础比较薄弱的学生。他按照学生的线上表现，如学生在评论区回答问题的频次、互动的频率、连麦时回答问题的情况，把学生分成 A 组、B 组、C 组。

A 组学生：生物基础相对比较扎实、学习能力较突出、才思敏捷。

B 组学生：生物基础一般，思维能力较好。

C 组学生：生物基础和学习能力比较薄弱、生物学习积极性有待提高，在跟随教师的讲解思路时较为吃力。

三组学生分配完成，除了在网络社交平台中进行分层练习，刘老师让学生在组内建立各自的网络聊天群，为后续的考背任务做前期准备。

二、习题篇：细化题型，精准分层

为了使学生有兴趣做，又不浪费学习时间，刘老师根据难度将课后练习也进行分层，使 C 组学生“吃得消”，使 B 组学生“吃得饱”，使 A 组学生“吃得好”，通过循序渐进的练习，培养学生对生物学科的兴趣和信心。为使学生们提高课下学习生物的效率，刘老师从学生的角度出发，布置弹性的必做题和选做题，让不同层次的学生自主选择。必做题统一要求全班都做。对于难度较大、考查思维能力的题，要求 A 组必做，并尽可能地一题多解；对于 B 组，要积极鼓励他们自由选取其中的至少 1 道拔高题；C 组的同学只做必做题（一般情况下是教材的课后练习）。“选做题”是需要教师在大量练习册中进行挑选的，挑选的条件为：具有代表性，不出现重复考点；与生活联系紧密，做到理论指导实践，知识回归生活；参考个别练习册中已有的“练基础”“提能力”“练中考”等题目。

例如一道中考题，不仅考查了本课所学的知识，还考查了七年级上册关于植物传粉、受精的相关知识点，属于A组同学的练习类型，B组同学也可以进行尝试。

教师在练习题分层和对学生分层的基础上再把二者弹性匹配，不仅能够满足三个组的学生各自的学习需求，还能够帮助学生树立自信心。

三、小组“考背互助”承包制

由于线上上课，教师不能像平时那样随时随地了解学生的学习状况，为提高线上教学的质量，弥补线上教学短板，将班级同学分为小组，然后实行“小组考背承包制”。根据学生的能力设置分组，逐级进行考查。教师在实行时，先考背A组学生，在考A组的时候，A组学生就能够知道应该重点掌握这部分知识的哪些内容，当A组考查合格后，由A组同学考查B组同学，提前让A、B组的学生一对一(或一对多)进行“帮扶结对”，考查B组同学相应知识点，B组合格后再以同样的方式考查C组同学。

总之在利用信息化教学手段结合“五环体验式教学”的实践中，实施“分层练习，体验成功”方法时，在适当激发中高层次学生的学习欲望的同时，要注意保护后进学生的自尊心，不能忽视任何一名学生。教师要精心设计学习流程，缩小个体差异，让每一名学生都享受成功的喜悦，只有这样线上教学才会取得成功。

【教学案例】

5.1.1　相交线

一、教材分析

相交线是人教版数学七年级下第五章第一节内容，本节的学习内容是在小学已经掌握的两条直线相交知识的基础上，进一步探究、学习邻补角、对顶角的有关定义、性质及应用，它在这一章中起到承前启后的作用。

二、教学目标

1. 在具体的问题情境中了解邻补角、对顶角，能找出图形中一个角的邻补角和对顶角，了解对顶角的性质，并能运用它解决一些问题。

2. 通过观察、操作、推断、交流等教学活动进一步发展空间观念，培养学生识图能力、推理能力、有条理表达的能力。

三、教学重难点

教学重点：邻补角、对顶角的概念；对顶角的性质及应用。

教学难点：对对顶角的性质的探索。

四、教学策略方法

充分备课是有效教学的前提，对教学目标和教学重难点的正确把握，使教师在线上教学、辅导时能有据可依。为此，每节课课前，学校的教师都会在备课组集体备课,提前几天做好分工。

首先研读教学参考书,确定每课时的教学目标、教学重难点、解决策略、知识的易错点、学生的知识盲点,为学生梳理出每课时的学具准备、思考的关键问题、作业等。

其次,为了让学生在课堂上思路更清晰,教师会提前把课程进行分解,一般会拆分成以下几步:第一步,引入(1 分钟);第二步,微课学习的同时思考教师给出的几个思考题,这些思考题都是根据教学重难点提出的,这样更便于学生掌握教学的重难点(约 16 分钟);第三步,学生独立完成课堂练习,对所学知识内容进行巩固(约 10 分钟);第四步,修改课堂练习中的错误(约 3 分钟)。把整节课分时分段,这样不仅能让学生条理清晰地完成课程学习,还能提升他们的时间观念。

再次,教师应在课下组织学生在小组群里交流学习收获或课堂练习中存在的问题,还可以进行每日一测(约 10 分钟)。除了学生作业的内容需要提前安排好,其书写格式同样也需要提前安排,这样学生写起来会觉得比较轻松,同时也方便了教师后续的批改。

最后,教师应提前准备好每天的线上答疑环节,针对当天学习内容的重难点及作业中出现的问题,教师可提前录好小视频做讲解准备。

五、教学过程

1. 第一环:创设情境,导入新课

问题导入:在我们生活的世界中,蕴含着大量的相交线和平行线,大家对它们也不陌生(多媒体播放图片)。请同学们找出图片中的相交线、平行线,你能再找出一些身边相交线、平行线的实例吗?

比如:家中门上相邻的两条边、相对的两边,方格纸上的横线和竖线等,都是相交线、平行线的形象。

设计意图:在现实生活中发现问题并提出问题,能吸引学生的注意力,利用线上学习的优势,激发学生的学习兴趣,从而更自然地引入新课。

2. 第二环:目标导引,自主学习

精心设计导学案,在导学案的引导下,让学生在课前带着思考问题,六人一组,在规定的时间内,自主地看书学习,小组交流,解决自学中发现的问题。组长对自学所得进行总结。课上教师从学生当中收集问题及信息,就未解决的问题进行点拨式的讲解。通过这种方式学生可以带着各自的疑问走进课堂,这样学生听课的目的性更强。

3. 第三环:合作学习,突破疑难

让学生观看用剪刀剪布过程的视频(课前已经准备好),引入两条相交直线所成的角是什么样的。

设计意图:由实际问题导入,让学生初步感知相交线形成的角及其特点,同时明确本节课要学习的内容。

学生观察、思考,在互动面板回答问题。

问题1:张开的剪刀是什么形象?(出示一把张开的剪刀)张开的剪刀可看作两条相交线。(在课件上画出对应的几何图形)在用剪刀剪布的过程中,用力握紧把手引发剪刀张角的变化,表演剪布过程(注意:这个过程要慢),让学生仔细观察,再提出问题。

问题2:两个把手之间的角发生了什么变化?剪刀刀刃张开的口又怎么变化?

学生观察、思考后回答:握紧把手时,随着两个把手之间的角逐渐变小,剪刀刀刃之间的角也相应变小,如果改变用力方向,随着两个把手之间的角逐渐变大,剪刀刀刃之间的角也相应变大。

教师点评:如果把剪刀的构造看作两条相交的直线,以上现象就关系到两条相交直线所成的角的问题,本节课我们就是要探讨两条相交线所成的角及其特征。

设计意图:用现实生活中的例子引出两条线相交所成角的问题,自然而贴切,同时在这个过程中,让学生对两线相交所成角的关系有了初步的认识,这就为研究对顶角相等做了铺垫。

4. 第四环:展示交流,分享成果

认识邻补角和对顶角,探索它们的性质。

(1)角的位置关系探究

问题:画直线AB、CD相交于点O,并说出所形成的4个角,两两相配共能组成几对角?每对角的位置关系如何?根据位置的不同怎么将它们分类?

学生思考并在互动面板交流。

当学生直观地感知角有“相邻”“对顶”关系时,教师引导学生用几何语言准确地表达，如：∠AOC 和∠BOC 有一条公共边 OC，而它们的另一边互为反向延长线。

∠AOC 和∠BOD 有公共的顶点 O，而且∠AOC 的两边分别是∠BOD 两边的反向延长线。

引导学生概括邻补角、对顶角的概念。

有一条公共边，而且另一边互为反向延长线的两个角叫作邻补角。

如果两个角有一个公共顶点，而且一个角的两边分别是另一角两边的反向延长线，那么这两个角叫对顶角。

(2) 角的数量关系探究

问题 1：用量角器分别量一量各个角的度数，发现各类角的度数有什么关系？

设计意图：通过测量数据让学生充分感知对顶角相等的结论，再进行理论论证，培养学生的逻辑推理能力和表达能力。

学生得出互为邻补角的两角度数和为 180°，互为对顶角的两角度数相等。

教师再提问：如果改变∠AOC 的大小，会改变它与其他角的位置关系和数量关系吗？

学生：∠AOC 的大小不影响它与其他角的位置及数量关系。

在前面的活动中，学生已通过观察、测量得出了邻补角、对顶角间的数量关系，在此基础上可以引导学生思考以下问题。

问题2:能不能用所学知识说明为什么邻补角之和为180°,为什么对顶角相等?

∠AOC的邻补角是∠BOC和∠AOD,所以∠AOC与∠BOC互补,∠AOC与∠AOD互补,根据“同角的补角相等”原理,可以得出∠AOD = ∠BOC,同理可以得出∠AOC = ∠BOD。

课件给出对顶角的性质:对顶角相等。

强调对顶角概念与性质不能混淆:对顶角的概念确定的是两角的位置关系,对顶角的性质确定的是对顶角的数量关系。要提醒学生只要看到对顶角就应想到它们相等。

教学说明:本环节的内容既是这节课的重点又包含了这节课的难点,为此教师在本环节中设计了两大步,利用问题引导学生进行探究。教师先让学生根据文字叙述画出两线相交的图形,在此基础上研究分析图形中角与角之间的位置关系,并引导学生概括描述出邻补角、对顶角的概念,在这一过程中学生经历了从文字到图形到符号再到文字的不同语言的转化过程,这不仅加深了学生对邻补角、对顶角概念的理解,也锻炼了学生用不同几何语言表达问题的能力。由于学生年龄小,学习几何的时间较短,直接用理论性的推理证明对学生还有一定的难度,因此在探索角的数量关系时先让学生通过实验、观察探究出结论,然后再推理证明,这样不仅降低了问题的难度,还让学生积累了一些学习图形问题的经验和方法。

5. 第五环:分层练习,体验成功

练习 1:直线 AB、CD 相交于 O,若∠AOC = 40°,求∠BOC、∠BOD、∠AOD 的度数。

变式①:若∠BOC = 90°,求各角的度数。

变式②:若∠BOC = n°,求各角的度数。

练习 2:要测量两堵墙所成的∠AOB 的度数,但人不能进入围墙,如何测量?

设计意图:强化学生对对顶角、邻补角的概念与性质的掌握程度,并培养学生的说理能力,发展学生的符号抽象能力,逐步培养学生用几何语言交流的能力。

变式①为下节课学习两直线垂直做铺垫,变式②当∠BOC = n°时,让学生找出一般规律,同时也巩固了从数字抽象到字母这个知识点。练习 2 考查学生是否能活学活用,让学生明白数学来源于生活,同时也服务于生活,激励学生学好数学。

小结

问题一:本节课你学习了什么?

问题二:本节课的学习运用到了哪些数学思想?

设计意图:围绕这两个问题,引导学生回顾自己的学习过程,总结本节课的学习收获。

拓展提高

(1) 平面内两条直线相交,有几对对顶角?几对邻补角?

(2) 三条直线相交于一点时,有几对对顶角?几对邻补角？

(3)n条直线相交于同一点时呢？

设计意图：在充分学习基础知识的基础上，拓展学生思维，提高学生的学习兴趣。

开展线上“五环体验式”教学模式是为了切实提高教师教学能力和水平，规范教师课堂教学行为，增加线上课堂的实效性，提高线上课堂教学质量，促进学生主动发展，打造和谐的、充满活力的、高效的课堂。每位上课的一线教师都在课前认真研究了“五环体验式教学法”的流程，结合自己的教学内容及各班学生的实际情况设计教学活动；教学过程中他们都紧紧围绕“五环体验式教学法”精心安排每个教学环节，充分展示自己的风采，彰显自己的教学风格，获得了良好的线上课堂教学效果。

三、开展“五环体验式”线上教学的成效

1. 学生学科素养明显改善

“五环体验式”线上教学模式能使学生上课时注意力高度集中，教师可根据学生发言数量判断学生在线学习情况，有效消除线上课程上课过程中学生打瞌睡、玩手机、玩游戏等不良现象。

2. 学生分析问题、解决问题的能力显著提高

上课过程中学生不再被动等教师“灌输”知识，而是通过独立

思考、和同学进行探究，收集、评价资料，对信息进行再加工，获取有用信息。在此过程中学生分析问题、解决问题的能力显著提高。

3. 创新意识、团队合作精神的初步形成

通过自主学习、共同探究、教师引导及解惑，很多同学已经打破了自己的思维定式，在获得答案的同时往往会产生新的思想及观点，在班级形成了大胆猜想、力求创新、敢于挑战的良好学习氛围。

在特殊时期，班主任、任课教师通过各网络平台与学生互动，与家长及时沟通，了解学生在家出现的问题，根据家长的反馈，教师和家长共同解决好学生的问题，鼓励家长和学生共同努力，尽快适应网络教学模式，健康快乐地学习。佳木斯市第三中学的全体教师，将工作摆到第一位，主动做好教学工作，积极和家长沟通、交流，了解每一个学生的情况，鼓励、关爱每一个学生，用行动展现了教师应有的担当，用爱与真诚的力量，和家长们一起，共同守护学生。

第二节　合作提升，秉持校训携手共育

教育，就要给学生一个强大的精神世界。学生成长的过程中有三样东西不可缺少，那就是自励、自主和自律。自励是学生明确的成长目标和方向，自主是学生管理自我的方式和方法，自律是实现目标的基础和关键。在学校“为学生全面发展负责，为民族伟大

复兴奠基”办学理念的指导下,我们提出了自励、自主、自律“三自”教育。“三自”教育是构筑一个人精神大厦的必要条件,没有目标和方向的人生就像大海中漂泊的小船,永远也不能达到成功的彼岸,没有自主和自律的人,将缺少追求目标的勇气和动力。只有把这三个方面的教育融会贯通,才能引导学生形成健全的人格和优秀的品质,让学生的人生驶向成功的彼岸。

“三自”教育已经成为佳木斯市第三中学的教育特色,贯穿于学校教育教学的各个方面。“三自”教育的提出与实施,让我们深切地感受到了它的优势,进入佳木斯市第三中学的学生,通过初中的学习生活,懂得了“自励、自主、自律”的重要性,学会了制定自己的成长目标和方向,认识到了自己的优势,养成了自主和自律的好习惯,对学习和生活充满自信。但是,育人是一项系统的教育工程,多年的实践,让教师们切身感受到,只有家庭、学校和社会密切配合,方能收到最佳的教育效果。在这三者之中,家庭教育尤为重要,可以说家庭教育是其他教育的基础,我们开展“三自”教育的过程也离不开家长的参与与支持。

一、提升家长的教育素质

苏联著名教育家苏霍姆林斯基把儿童比作一块大理石,他认为把这块大理石塑造成一座雕像需要六位雕塑家:家庭、学校、儿童所在的集体、儿童本人、书籍、偶然出现的因素。从排列顺序上看,家庭被列在首位,可以看出家庭在塑造人的过程中起到的重要作用。家长是学生的第一任老师,而且是终生的老师。调查显示,家长的素质差异很大，很多家长受文化水平的限制，缺乏科学的教育理论和有效的教育方法。提升家长的教育素养，是学校工作的重要内容。要想教育好孩子，就得先教育家长。

要想开展好“三自”教育，首先就要重视家长学校的建设。应坚持对家长的教育、引导与培训，开展家长培训系列活动，转变家长的育人理念，更新家长的育人方法，提升家长的育人水平。

（一）构建“三级家长委员会”，为家校沟通搭建有效平台

家庭教育对学生学习习惯、学习态度的养成及学习成绩的提高都有着很大的促进作用。调查显示，家长存在这样一种错误观念，认为对孩子进行教育就是学校的事情，与家长无关，完全置身事外。为了让家长明确责任，积极参与学校的教育教学管理，学校建立了校级、年级和班级“三级家长委员会”，专门挑选了具备下列基本素质的家长担当委员会成员。第一，关心教育，懂得一定的教育理论，热心学校工作，能为学校工作献计献策；第二，具有丰富的家庭教育经验；第三，有一定的表达和沟通能力。

校级家长委员非常重要，在工作中，起到了如下作用：

1. 协调学校、家庭与社会关系，增强教育的合力；

2. 动员所有家长，积极学习教育知识，参与学校组织的家长活动和家长培训，让家长明确学生的培养目标和方向；

3. 广泛收集家长对学校的意见和建议，分析、归纳家长们所反映的问题，将有关意见、建议及时反馈给学校；

4. 通过参与学校的大型活动及家长开放日听课等，了解学校工作，对学校的办学方向、教育质量、教师工作、行政管理等方面提

出建设性意见,做出适当的评价,实行必要的监督。

另外,年级和班级家长委员会也在学校和家庭的有效沟通中,发挥了重要的桥梁纽带作用。

多年来,在“三级家长委员会”的积极带动下,家长们热心参与学校的教育教学管理活动。他们为班级文化建设献计献策;踊跃参与校园体育节、艺术节;为冬季校园清雪出工出力,充分体验亲子劳动的乐趣;教学开放日活动家长深入听课,积极参与主题班会。家长在见证孩子的成长过程中,更加认同了学校的“三自”教育,在家校合作育人中发挥了积极作用。

(二)开展系列化的家长培训,为家校合作提供扎实保障

问卷调查显示,真正懂得教育的家长并不多,有很多家长还在沿用他们父母的老方法去管理孩子。“棍棒底下出孝子”者有之,“放任自流”者有之,“娇生惯养”者有之……有许多家长的教育观念、教育方法与学校教育相违背,甚至是格格不入的,这就使学校教育无法发挥其应有的作用。实践证明,对家长进行系统化的培训十分必要,家长学校是培训家长最有效、最便捷的渠道。学校建立了家长学校“三级”培训模式,即校级培训、年级培训和班级培训,设置了七个系列的家长培训课程,有“三自”教育系列、师生有效沟通系列、亲子有效沟通系列、青春期教育系列、人生规划系列、安全法制教育系列和心理疏导系列。

校级培训每年至少四次,每次培训前都要对家长进行问卷调查。例如:去年 9 月份,初一学生入学后,我们进行了家长问卷调查,发现了许多问题,如过度关注成绩的占 78%、缺少与孩子沟通

的占42%、从来没有帮助孩子规划人生的占46%、不太关注孩子品德培养的占39%。针对这些问题，校长对家长们进行了专题性培训，家长受益匪浅，给出了一致好评。

年级培训的内容都是针对不同学段学生的特点进行的，如：初一学年，学校进行了主题为“如何帮助孩子尽快适应初中生活”的培训，还有“如何树立目标和方向”的培训等；初二学年，学校重点进行了“如何应对孩子的青春期”培训；初三学年，学校则为家长安排了“如何帮助孩子树立远大理想，做好人生规划”的培训。

班级培训则更具针对性，每次家长会，班主任都要认真备课，主要针对家长教育中的具体问题进行培训。

三级家长培训模式和系列化的培训课程，使家长在育人理念、育人方法、配合学校工作等方面有了长足进步。

1. 家长育人理念发生转变

家长认识到了家庭教育的重要性，建立起了良好的教育心态，能以平等、发展的眼光对待孩子，能正确地认识自己在教育中应起到的作用，摒弃了只重成绩的狭隘、短视行为。家长们认识到了家庭教育的重要性，积极参与到学校教育中，也改变了以往只重视分数，忽视品德和其他素质教育的情况。家长开始重视亲子沟通，讲究教育方法，其对孩子教育的成效自然就提高了。

2. 家长育人方法更加科学

学校引导家长注重日常生活和学习中的细节教育，因为细节往往反映了一个人的想法或理念。培养孩子的良好习惯，要从小事做起,从细节做起。人的性格决定命运,决定人生活得是否幸福。父母如对孩子教育不当,一味训斥、打骂,通常会产生两种不良后果,或是孩子遇事唯唯诺诺、胆小怯懦,或是孩子脾气犟、执拗任性、胆大妄为。

通过家长学校的培训家长明白了这样的道理:如果孩子喜欢谴责别人,是因为家长平时对他批评过多;如果孩子凡事喜欢抱怨,是因为家长平时总是挑剔他;如果孩子喜欢对抗,是因为家长总对他使用强制的教育方法;如果孩子不够善良,是因为家长是一个缺少同情心的人;如果孩子有暴力行为,是因家长常用暴力来处理孩子的问题;如果孩子很自卑,是因为家长对孩子总是失望,不能耐心鼓励;等等。应该让家长深切地体会到:父母是孩子的第一任老师,父母的一言一行,都会影响孩子性格的形成,会在他们的心中留下很深的烙印。家长要求孩子做的,自己首先要做好;不让孩子做的,家长也要以身作则。

通过这些理念的渗透,使家长对自己的教育方式进行思考,告诉家长教育孩子一定要懂方法,从小事做起,做好家庭教育,关注细节,助力孩子实现梦想!很多学生反映,家长参加完培训会后,与他们的对话沟通变多了,对他们的批评训斥少了;家长的陪伴关心变多了,疏忽冷淡的时候少了。家长开始关注孩子的情感体验,讲究教育方法,不再过度关注分数,简单粗暴地对待学生了。

3. 家长配合学校态度和行为的转变

教育家苏霍姆林斯基曾说过:“教育的效果取决于学校家庭的一致性,如果没有这种一致性,学校的教学、教育就会像纸做的房子一样倒塌下来。”家庭教育不是学校教育的简单重复，更不是学校教育的简单继续，而是与学校教育互为补充的重要部分。

最初，家长对学校开展的“自励、自主、自律”教育认识不深，通过问卷调查可以了解到，帮助孩子树立目标方向的家长只占两成，很多家长都没有给孩子做人生规划的意识，更谈不上帮孩子找到人生的方向。奋斗的目标或者说梦想，对人生的发展意义重大。人生最可怕的敌人，就是没有明确的奋斗目标，目标是人追求的梦想，是成功的希望，失去了目标，人们便失去了方向。目标可以给人以明确的方向和强劲的动力，让人变得有勇气、毅力和意志。可以这么说，确立了人生目标，才是生命真正意义上的开始。生命有限，应早一点立志，制定目标和方向时目光要长远。

学校通过“三自”教育系列家长培训讲座，让家长认识到帮助孩子树立目标、规划人生的重要意义。另外，学校教师还耐心地指导家长如何帮助孩子树立长远的人生目标和阶段性目标。长远目标也就是人生规划，可以将“自励、自主、自律”教育与生涯教育有效地结合在一起。目标的内容是多元的，包括品德、学习、运动健康、合作、审美五个方面（与综合素质评价的五个维度相统一）。学校还建立了对学生的目标跟踪机制，督促学生按计划完成目标，如有变化则及时做出相应的调整。在此过程中，学校还指导家长，对于孩子在实现目标过程中付出的努力、取得的成绩，一定要给予适当的鼓励和激励性评价，帮助孩子增强信心。家长在经过培训后，都感到受益匪浅，每次都有意犹未尽之感，很多家长在会后反应强烈，纷纷到校长室交流心得，共同探讨教育孩子的方式、方法。

如今，家长们都非常认同学校开展的“三自”教育，据班主任反馈，很多家长都主动督促孩子制定目标。可以把任务目标细化到每天的英语单词背诵，生物、地理背诵，参与学校活动，情绪控制，以及锻炼身体和人际交往等。有了家长的协助，教师的工作轻松了，学生的目标更明确了，自主学习更有动力了，行为的自律性更强了，学生也变得更加乐观自信。

（三）坚持教师家访工作，铺好家校沟通的情感之路

家访在增进家校沟通和联系中起着非常重要的推动作用。家访是假期期间教师与学生、与家长联系与沟通的爱心桥梁，是教师与家长对学生进行共同教育的纽带。

每学期，学校都要求班主任和任课教师团队对班级一半以上的学生进行家访。尤其是假期，一定要对有特殊情况的学生（如贫困家庭、问题学生、留守儿童等）进行有针对性的家访。甚至一些班主任教师还自费为困难学生家带去米、面等生活用品，让家长很受感动。

教师的每次家访都应做到有目的、有准备、有效果，家访前做足功课，掌握学生及家庭的相关情况，有针对性地家访。在线上上课期间，班主任通过视频对学生进行了云家访，做好居家生活和防疫的心理疏导，融洽家校、师生感情。一系列的家访，增进了教师对学生的全面了解，密切了家校关系，更重要的是，让学生感受到教师的关心，增进师生感情，更有利于教师对学生的教育。

（四）发挥优秀家长的示范作用，为家校合作助力

有的家长在教育孩子方面做得非常优秀，学校请这样的优秀

家长在家长会上分享心得，与其他家长做经验交流，这样能更直接地引导家长们有效教育子女。以个别优秀家长为点，拓展到班级家长成线，再辐射到全校家长成面，最大限度地体现家校教育的合力作用。

家校合作最大的受益者就是学生和家庭，家校教育形成合力，使教育达到高度的一致性、前后的统一性和校内外的连续性，形成了一个有机的整体。在这种潜移默化的作用下，学生的进步是缓慢而明显的，取得的成绩是持续而喜人的，学生快乐地进步着，自信地成长着，有什么能比这些更让家长欣慰，更让教育工作者幸福的事情呢！

学生的成长与进步，使家长对学校更加信任，当然学校也就赢得了家长更多的理解、支持和配合，如此形成了良好的家校教育合作模式，使家校教育焕发出生机与活力。

目前，在佳木斯市第三中学倡导的“自励、自主、自律”教育的引领下，家校合作正在蓬勃发展，为了每一个学生的健康成长，为了每个家庭的未来幸福，学校在巩固现有成果的基础上，提出了新的发展目标。学校将在学生的心理健康教育、品德教育及职业生涯规划教育方面做更多的尝试和探索，加强对家长的培训，进一步通过家校合作，成就学生的梦想。

二、秉持校训，强化学生的思想道德建设

岁月可以赢得我们的生命，但却改写不了我们的人生。一个人要想实现自己的梦想，最重要的是要拥有家国情怀，努力规划

人生。

习总书记到北京大学考察时曾发表了重要讲话，他对广大青年提出四点要求：一要爱国，忠于祖国，忠于人民；二要励志，立鸿鹄志，做奋斗者；三要求真，求真学问，练真本领；四要力行，知行合一，做实干家。这是我们青年一代成长必须遵循的路径，必须坚持的方向。

佳木斯市第三中学结合校情、国情，提出了"为学生全面发展负责，为民族伟大复兴奠基"的全新的办学理念。本着文化传承和创新的原则，把"厚德、明志、自信、博学"作为校训，这凝聚着几代校领导的教育思想和教育智慧，充分体现出学校的办学目标，它犹如一面旗帜，指引并激励全校师生坚定、执着地迈上新的征程。

学校的校训，既传承了学校六十载的文化积淀，又突显出我国社会主义新时代的时代精神，具有创新性。

"厚德"语出《周易》："天行健，君子以自强不息；地势坤，君子以厚德载物。"崇尚个人修身，注重品行操守，是中华民族的优良传统。终其一生人都要不断地明德修身。

如何修德，如何做人？这是学校教育的根本。一个人的成功与他的情商有着密切的关系。情商包括坚强的毅力、艰苦奋斗的精神、自我约束的能力等。一切的成功首先在于做人的成功。我们把"厚德"放在校训首位，符合新时代"立德树人"的育人要求，旨在培养出民族复兴所需的优秀人才。

"明志"语出诸葛亮《诫子书》："非淡泊无以明志，非宁静无以致远。""明志"就是明确志向，树立理想。理想是一个人生存和发展的精神支撑，只有理想远大，目标明确，才能积极进取，自强不息。人不仅要有理想，还要敢于有梦想，但更要努力去做。如果一味地等待，不但梦想的实现遥遥无期，就是连已经拥有的也会失去，所以明确了志向，还要努力去践行。

“自信”语出毛泽东《七古·残句》：“自信人生二百年，会当水击三千里。”在生命的河流上航行，左右自己的不是涌浪迭涛，而是心头矢志不变的罗盘——自信。

习近平总书记在庆祝中国共产党成立95周年大会上明确提出要坚持“四个自信”，即“中国特色社会主义道路自信、理论自信、制度自信、文化自信”。学校把“自信”作为校训，是希望学生能自信，胸怀天下，敢于做时代的急先锋。

“博学”语出《礼记》：“博学之，审问之，慎思之，明辨之，笃行之。”“博学”意味着为学首先应广采博览，广泛地学习各种知识。同时“博”还意味着博大和宽容，唯有博大和宽容，才能兼收并蓄，使人有开阔的眼界和胸襟，真正做到“海纳百川，有容乃大”。《论语》中的“博学而笃志，切问而近思”也强调了“博学”，只有具备广博的知识，不断地明确志向，才能愈发地自信；只有博学，才能适应错综复杂、千变万化的现代社会；只有博学，才能成为和谐社会的推动者和构建者。

总之，“厚德、明志、自信、博学”八字校训作为一个标尺，成为全校上下开拓奋进的坚守，成为培育栋梁之材的基本遵循。它赋予我们前行的力量，是佳木斯市第三中学的文化名片，具有极大的感召力和鼓舞性，为全校师生指明了奋进的方向。我们要铭记校训、践行校训，把校训作为学校的文化风骨来努力传承，一起向着美好的春天进发，共同书写三中人追梦的美丽神话！

(一)加速奔跑,携梦起飞

作为青少年,学生对自己应有一个基本认识或初步评价,应当树立信心,设定人生目标,并向着目标努力前行。遇到困难要百折不挠,并能坚定地对自己说“我能行!”“我一定会成功!”要相信自己能行,才会真的行,只有心存希望,幸福才会降临,只有心存梦想,并为之努力,才能在机遇来的时候牢牢抓住。

这就要求每位同学都要未雨绸缪,自我导航,自主发展。自我导航是通过自我认知,自我设计,自我实现,自我提升,引导每一个人沿着正确的方向实现人生目标的能力。

自我导航,最重要的一个方面就是树立目标,明确志向。高尔基说:“一个人努力的目标越高,他的才力就发展得越快,对于社会就更有效果。”目标对一个人的发展有着重要的意义。学校实施的“目标、自信”教育的第一要务,就是让同学们能在进入初中之后,树立自己长远的发展目标,制定近期目标。

“凡事预则立,不预则废”,有无发展目标大不一样。目标是希望,目标是动力,是人生奋斗的精神支柱,树立目标可以帮助学生明确学习动机,端正学习态度。如果想提高学习效率,学生应自觉地培养良好的学习习惯,习惯是非智力因素,通过训练和培养是可以改变的。

(二)人生在勤,勤则不匮

“一勤天下无难事”,实现自己的梦想,要依靠锲而不舍的精神和驰而不息的辛勤付出。同学少年,风华正茂,青春易逝,学生正应该在此时学会勤勉，培养自身的自律精神。学校在习惯养成和三观培养的最重要时期对学生进行“三自”教育，是十分必要和恰当的。

（三）博览群书，视通中外

学校积极营造书香校园，追求“雅言、雅行、雅量、雅兴”，即使学生“用语文雅、行为举止优雅、心理品质儒雅、爱好特长高雅”。“腹有诗书气自华”，读的书多了，便不再浮躁，人的气质也就逐渐地儒雅内敛起来。佳木斯市第三中学举办“书香校园”活动，通过鼓励学生在课下多读书、读好书，使学生知道，读书和学习可以是一种生活方式。

（四）敬畏规则，自我成长

一个国家如果没有规则、没有法律，就会天下大乱，最终会损害每个国民的利益。学校也一样，没有规矩不成方圆。有些学生就是因为无知无畏，放纵自己，才受到校纪校规的处理。“成才先成人”，学校的规章制度是为了维护学校的正常教学秩序，为了保障学生有良好的学习氛围。违反校纪校规绝不是芝麻绿豆的小事，而是一个人在行为和品德上的瑕疵，学生时期能够遵守规则，未来才能成为遵纪守法的好公民，成为国家的栋梁。我们要心存敬畏，做人有底线，做事有分寸。

一个人的成长有三种境界：最高境界是通过自我管理、自我约束、自我成长，自己把事情做对、做好、做完美；一般境界是在别人的管理下把事情做对、做好；最低境界是在别人的督促和帮助下也做不好事情。希望佳木斯市第三中学的学生接受了“三自”教育之后，都能以最高的学习境界为目标，茁壮健康地成长。

（五）懂得感恩，勇于担当

懂得感恩，是中华民族的传统美德。要懂得感谢父母的养育之恩，感谢师长的教导之恩，感谢同学的帮助之恩。一个人呱呱坠地来到这个世界，成长为今天的翩翩少年，在这过程中不知道倾注了家长、教师的多少心血和汗水。用感恩之心对待父母、师长、亲友，学生会更加明白责任、更有担当，成长得更快。一些学生进入叛逆期，对教师与家长的教育置之不理，这样的行为只会伤害到真正关心、爱护他们的人。心中只有荆棘的人，人生道路上很难见到美丽的鲜花，只有懂得感恩，人的灵魂才能得到升华。

（六）播种习惯，成就梦想

有这样一句话：“今日的你是你过去习惯的结果；今日的习惯，将是你明日的命运。”可见，习惯对一个人的重要性。好习惯的养成，要从日常小事着手，从一点一滴做起，比如弯腰捡起校园内的纸屑、上课保持安静、整理好自己的学习用品等，事情虽然很小，但良好的习惯就是靠这些点滴的积累得来的。中学生应该养成如下的良好习惯。

刻苦的习惯：勤奋刻苦，坚韧不拔。

高效的习惯：惜时守时，效率优先。

探究的习惯：自主学习，乐于探究。

合作的习惯：勇于担当，善于合作。

反思的习惯：自我反思，知错就改。

诚信的习惯：诚实守信，明辨是非。

规划的习惯：生涯规划，凡事计划。

进取的习惯：追求卓越，止于至善。

自学的习惯：主动自觉，善于学习。

创新的习惯：自强不息，勇于挑战。

好习惯成就好人生，要谨记“青春是用来奋斗的”，要坚定信念，志存高远，脚踏实地，勇做理想的笃行者、创新的奋进者、时代的搏击者。

“眼界决定境界，态度决定高度，思路决定出路，实力决定魅力。”无论怎样，社会发展的潮流都是滚滚向前的，要顺应时代大势，踩准时代的节点，以蓬勃的朝气、冲天的豪气，朝着胜利加速奔跑。在中国特色社会主义新时代，实现中华民族的伟大复兴是全体中华儿女的夙愿和梦想，而中学生作为未来的生力军和中坚力量，既是追梦者，也是圆梦人。作为中学生的责任与使命，就是要在中国特色社会主义实践中实现中国梦，用最美的芳华镌刻人生。

后　　记

《自励　自主　自律——“三自”教育的实践与探索》是对我校“十一五”“十二五”教育科研成果的延续整合,深化提升。新时期学校的教育该走向何处?这是新一轮教育发展改革蓝图的重大决策,也是影响学校教育发展方向的行动规划。本书总结了我校实施“三自”教育的脉络与渊源、基础与意义、探究与实践、反思与提升,记载了“三自”教育构建、发展、完善的足迹,也记载了我校全体成员在“三自”教育改革过程中的探索成长。

中学生“自励、自主、自律”教育课题,以立德树人为出发点和落脚点。这一课题有高度,所探讨的主题是联合国教育发展的趋势和我国新时期教育改革的发展需求;这一课题有深度,从研究内容的突破到实证方法的运用,都具有相当的挑战性,还构建了具有操作性的育人和评价体系;这一课题有广度,涉及教育的宏观政策、学校的改革实践,以及每一位教师、家长的参与。“三自”教育仅仅是一个开端,我们将把所取得的成果作为前行的基石,使未来的教育之路走得更宽、更远、更实。以自励激奋进、自主促发展、自律强内功,这样的“三自”教育将会成为学生生命中不可或缺的文化基因,伴随学生终身!

为本书编写提供参考案例的成员有:文武、张淑范、王欣、肖天华、张云、刘伟、王靖芳、刘丽华、冷莉莉、杨森、尹壬子、李坤、郑秀丽、荆丽萍、刘玉华、郭玉华。书稿即将付梓,对给予鼎力支持的以上同行表示诚挚谢意!由于编写时间紧迫,书中难免有疏漏或有待改进之处,恳请专家、同人指正。